얼쑤! 하회탈과 놀아 보자

얼쑤! 하회탈과 놀아 보자

우종익·정종영 글 | 이수진 그림
처음 펴낸날 | 2016년 9월 20일
2쇄 찍은날 | 2018년 2월 7일
2쇄 펴낸날 | 2018년 2월 14일
펴낸이 | 정세민
펴낸곳 | (주)크레용하우스
출판등록 | 제5-80호
주소 | 서울 광진구 천호대로 709-9
전화 | (02)3436-1711
팩스 | (02)3436-1410
홈페이지 | www.crayonhouse.co.kr
이메일 | crayon@crayonhouse.co.kr

글 ⓒ 우종익·정종영 2016
이 책에 실린 글과 그림은 무단 전재 및 무단 복제할 수 없습니다.

ISBN 978-89-5547-467-1 73620

이 도서의 국립중앙도서관 출판시도서목록(CIP)은 서지정보유통지원시스템 홈페이지(http://seoji.nl.go.kr)와
국가자료공동목록시스템(http://www.nl.go.kr/kolisnet)에서 이용하실 수 있습니다.(CIP제어번호:CIP2016022179)

얼쑤! 하회탈과 놀아 보자

우종익·정종영 글 이수진 그림

크레용하우스

차례

1장 우리나라의 국보 하회탈

탈은 무엇일까?	12
탈은 언제부터 있었을까?	14
우리나라 각 지역의 탈놀이	16
하회탈의 종류	17
하회탈은 어떻게 만들어질까?	19
허 도령과 김 씨 처녀의 사랑 이야기	21
하회탈 자세히 들여다보기	24
하회탈의 아름다움과 우수성	52

2장 신명 나는 하회 별신굿 탈놀이

하회 별신굿 탈놀이란?	58
하회 별신굿 탈놀이의 구성	59
풍자와 해학이 가득한 놀이	60
하회 별신굿 탈놀이 10마당	63

3장 다양한 하회탈 만들기

나만의 하회탈 만들기- 종이탈	82
폼 클레이로 양반탈 만들기	83
색종이와 색볼로 부네탈 만들기	85
한지를 이용한 각시탈 만들기	88
이매탈로 캐릭터 탈 만들기	91
신문지로 종이탈 만들기	94
종이 죽으로 탈 만들기	96

4장 직접 보고 느끼는 하회 마을

하회탈 공방 찾아가기	100
하회 세계탈 박물관	101
안동 국제 탈춤 페스티벌	102
하회 별신굿 탈놀이 공연 보기	104
문화재로 가득한 하회 마을	105

추천사

놀이처럼 전통문화를 익히자

저는 전통문화는 머리가 아니라 몸과 마음으로 체득해야 한다고 생각합니다. 그래서 "박물관에 공부하러 간다"는 말보다 "박물관에 놀러 간다."라는 말을 더 좋아합니다. 강요된 지식과 정형화된 전달 방식이 아니라 신나게 놀면서 배울 수 있는 박물관이 필요합니다. 그래야 '살아 있는 박물관'이 되는 것입니다.

지금까지 세계 문화유산 하회 마을과 우리나라 중요 무형 문화재 하회탈은 너무 엄숙하고 진지한 접근만 이루어진 듯합니다. 이제는 신나게 놀면서 배울 수 있는 길라잡이가 필요합니다.

책은 항상 무엇을 가르쳐야 한다는 강박관념에 사로잡혀 있습니다. 신문에서 1년 동안 어린이들에게 놀이 실험을 하여 어린이들이 긍정적으로 달라졌다는 기사를 흥미롭게 읽은 적이 있습니다.

『얼쑤! 하회탈과 놀아 보자』는 어린이들에게 다양한 하회탈의 종류와 하회 별신굿 탈놀이에 대해 알기 쉽고 재미있게 알려 줍니다. 직접 탈 만들기 체험을 해 보고 하회 마을 문화유적 안내를 통해 놀이처럼 다가갈 수 있는 책입니다. 독자들이 이 책을 통해 하회탈을 몸과 마음으로 체험할 때 비로소 하회 마을과 하회탈은 우리와 함께 살아 숨 쉬게 될 것입니다.

천진기(박물관장, 민속학자)

민족 문화의 자긍심, 하회탈

 탈은 세계 보편 문화이며 각 문화의 특징을 드러내는 문화 도구입니다. 저는 탈을 보기 위해 세계 여러 나라를 여행했습니다. 하지만 하회탈보다 더 훌륭한 탈을 보지 못했습니다. 조형미, 역동성, 예술성까지…….

 이것은 비단 저만의 생각이 아닙니다. 하회탈에는 '표정이 바뀌는 탈', '입이 움직이는 탈'이란 수식어가 따라붙지만 마지막에는 항상 '최고의 예술 조각품'이란 찬사로 마무리되었기 때문입니다.

 하회탈은 우리 민족 문화의 자긍심입니다. 이런 자긍심을 널리 알리기 위해 우리 것을 제대로 알아야 합니다. 그런 의미에서 이 책은 아이들과 함께 부모가 같이 볼 수 있는 하회탈에 관한 쉽고 제대로 된 지침서입니다.

윤병진 (세계탈 문화예술연맹 사무총장)

작가의 말

소중한 우리 문화유산, 하회탈

국보 제121호, 중요 무형 문화재 제69호, 유네스코 지정 세계 유산은 모두 '하회'와 관련이 있지. 하회탈은 우리나라 탈 중에 유일한 국보이고, 하회 별신굿 탈놀이는 중요 무형 문화재이며, 하회 마을은 유네스코가 지정한 세계 유산이거든. 그런데 이렇게 화려한 이력에도 불구하고 '하회'에 관한 어린이책이 너무 적다는 게 늘 안타까웠어. 그래서 '하회'에 관한 책을 쓰기로 마음먹었지.

하지만 이 책을 쓰기는 처음부터 쉽지 않았어. 아는 것과 가르치는 것은 다르잖아. 게다가 요즘 아이들은 하회탈과 하회 별신굿 탈놀이 같은 전통문화를 너무 어렵고 따분하게 생각하거든. 사실 이런 점이 가장 큰 고민거리였지. 어렵고 따분하다는 고정 관념을 깨야만 아이들이 우리 전통문화에 관심을 가질 수 있잖아.

탈이란 우리나라뿐 아니라 세계 곳곳에 있어. 동양은 물론 서양, 저 멀리 아프리카에도 탈이 있지. 아마 탈만큼 오래된 인류의 공통

문화유산은 없을 거야. 지금도 우리 주변에 여러 형태의 탈들이 있어. 믿을 수 없다고? 영화 〈배트맨〉에 나오는 주인공이나 뮤지컬 〈오페라의 유령〉에 나오는 팬텀은 가면을 쓰잖아. 가면도 탈이라고 볼 수 있어. 탈은 생각만큼 특별한 게 아니라고.

혹시 이 책을 보면 그런 탈을 만들 수 있냐고? 당연하지. 이 책은 하회탈의 역사와 특징뿐만 아니라 탈을 가지고 할 수 있는 다양한 활동도 소개할 거야.

이처럼 전통문화는 너희가 생각하는 만큼 고리타분한 것이 아니란다. 지금 우리 삶이 나중에 전통문화가 된다고 해도 틀린 말이 아니야. 이 책을 통해 우리 전통 문화유산인 하회탈과 하회 별신굿 탈놀이를 제대로 알고 난 뒤 너희가 생각하는 새로운 탈을 만들어 보는 거야. 혹시 너희가 만든 탈이 몇백 년 뒤 국보가 될지 누가 알겠어?

마지막으로 이 책을 쓸 때 많은 도움을 주신 김동표 하회 세계탈 박물관 관장님, 류한철 하회 마을 보존회 사무국장님, 임재해 안동대학교 민속학과 교수님께 감사 인사를 전하고 싶어.

2016년 여름에
우종익, 정종영

1장 우리나라의 국보 하회탈

우리나라 곳곳에는 다양한 탈놀이가 전해진단다.
봉산 탈춤, 북청 사자놀음 같은 탈놀이 말이지.
탈놀이에서 꼭 필요한 게 뭘까? 그래, 바로 탈이야.
여기서는 하회탈에 대해 알아볼 거야.
왜 우리나라에서 국보로 지정된 탈인지
차근차근 하나씩 알아보자.

탈은 무엇일까?

우리말에서 '탈'이란 단어는 여러 가지 의미로 사용되고 있어. 먼저 '탈'이란 단어가 어떻게 쓰이는지 살펴볼까.

- 탈을 쓰고 춤을 춘다.
- 양의 탈을 쓴 늑대
- 탈이 나다.

세 문장 모두 '탈'이란 같은 글자가 쓰였지만 뜻은 모두 달라. 먼저 '탈을 쓰고 춤을 춘다'를 보면 '탈'은 탈놀이에 쓰이는 탈을 말하는 거야. 하회탈, 오광대탈 같은 탈 말이지. 여기서 '탈'은 얼굴을 감추거나 꾸미기 위해 나무, 종이, 흙 따위로 만들어 얼굴에 덮어 쓰는 물건을 말해.

하지만 두 번째 문장은 뜻이 조금 달라. '양의 탈을 쓴 늑대'란 문장은 겉과 속이 다른 나쁜 사람을 말하는 거야. 처음에는 착한 척 양의 얼굴로 다가와 나중에는 늑대의 모습으로 변해 나쁜 짓을 하면서 괴롭히는 사람을 말하는 거지.

'탈'의 뜻은 여기서 끝나는 게 아니야. 세 번째 문장처럼 '탈이 나다'는 몸에 생긴 병을 말하는 거야. 앞의 두 문장과는 또 다른 뜻으로 쓰인 거지. 다른 뜻을 더 살펴볼까? '별 탈 없이 자랐다.'라고 하면 여기서 탈이란 '뜻밖에 일어난 사고'를 말하는 거야.

그 밖에도 핑계, 트집, 결함 등 '좋지 않은 일'에 '탈'이란 단어가 두루두루 쓰이고 있지. 그러면 '탈'이란 단어가 왜 이렇게 여러 가지 뜻을 가지는지 생각해 볼까?

'탈'이라는 단어를 조금 더 깊이 생각해 보면 그 이유를 찾을 수 있어. '탈'의 의미는 '뭔가 감추기 위한 도구'와 '나쁜 일' 두 가지로 나눌 수 있지. 여기서 '나쁜 일'이란 세상에 일어나는 사고, 병, 문제 등을 말하는 거야. 이 두 가지 '탈'의 의미는 서로 관계없는 듯 보여도 따지고 보면 서로 꼬리를 물고 있어.

두 가지 의미의 관계를 알려면 먼저 탈놀이를 알아야 해. 우리 조상들은 탈을 만들어 탈놀이를 즐겼어. 하회 별신굿 탈놀이, 강령 탈춤, 은율 탈춤, 봉산 탈춤 같은 탈놀이는 이미 들어 봤을 거야. 우리 조상

들은 왜 이런 탈놀이를 했을까?

 탈놀이는 마을에서 행하던 굿이야. 굿은 복을 빌고 아픈 사람을 치료하기 위해 행하던 일종의 의식이지. 옛날에는 요즘처럼 병원이 없었기 때문에 민간에서는 병을 치료하기 위해 주로 굿을 했어. 그렇게 하면 병이 낫는다고 생각했기 때문이야.

 그럼 마을에 나쁜 일이 생기면 어떻게 했을까?

 '마을굿'을 하곤 했어. 탈놀이가 바로 마을굿이지. 옛날 사람들은 큰 일이든 작은 일이든 마을신이나 자연의 힘을 빌리면 해결될 거라고 믿었지. 그래서 마을 전체에 흉년이나 돌림병 같은 재앙이 생기면 탈놀이를 벌인 거야.

 결국 '뭔가 감추기 위한 도구'인 탈과 '나쁜 일'을 치료하는 탈놀이가 탈의 두 가지 의미와 관련이 있는 거라고.

탈은 언제부터 있었을까?

 우리나라 탈의 역사는 꽤 길어. 부산 동삼동 신석기 시대 조개무지에서 사람 얼굴 모양의 조개 탈이 나왔거든.

 조개 탈에는 두 눈과 입이 있어 마치 사람 얼굴처럼 보이지만 실제 크기는 어른 손바닥보다 작은 10.7cm에 불과해. 사실 이렇게 작은 조개 탈이 진짜 가면으로 쓰였는지는 알 수 없어. 하지만 조개껍질을 가지고 만든 조개 탈이 가면처럼 만든 최초의 물건임은 틀림없잖아. 그래서 이 조개 탈이 우리나라에서 가장 오래된 탈이야.

원시시대 사람들은 왜 이런 조개 탈을 만들었을까? 아마 종교 의식에 사용한 것 같아. 원시시대 사람들은 자연에 영혼이 있다고 믿었거든. 그래서 태양, 별, 달, 나무, 심지어 돌멩이 하나까지 신을 대하듯 조심스럽게 모셨지. 이런 신앙을 애니미즘이라고 불러.

부산 동삼동에서 나온 신석기 유물인 조개 탈

원시시대 사람들은 사냥을 할 때, 병을 고칠 때, 마을 재앙을 물리칠 때 자연의 영혼을 불러 일이 잘되기를 빌었어. 이런 의식을 치를 때마다 탈을 사용했지. 탈은 신을 만나기 위해 입는 신성한 옷이라 생각했기 때문이야. 이런 점에서 볼 때 탈은 신석기 시대 훨씬 이전부터 사용됐을 거야.

우리나라 각 지역의 탈놀이

우리나라 곳곳에 다양한 탈놀이가 전해지고 있어. 서울·경기도 지역은 양주 별산대놀이, 송파 산대놀이, 퇴계원 산대놀이 같은 '산대놀이'가 있지. 강원도에는 단오날 열리는 강릉 관노가면극이 꽤 유명해.

경상도는 동네마다 다양한 탈놀이가 전해지고 있어. 경상도를 가로지르는 낙동강을 따라 탈놀이가 조금씩 다르거든. 낙동강 남서부 쪽에는 가산 오광대, 통영 오광대, 고성 오광대, 진주 오광대, 김해 오광대, 밤마리오광대 같은 '오광대놀이'가 있고, 낙동강 남동쪽 바닷가 지방에는 수영 야류, 동래 야류 같은 '야류'가 있어.

한편 낙동강 북부 지역은 하회 별신굿 탈놀이, 자인 팔광대, 예천 청단놀음이 있지. 그 외에도 봉산 탈춤, 강령 탈춤, 은율 탈춤, 북청 사자놀음, 남사당패의 덧보기 등 다양한 탈놀이가 있어.

탈놀이 대부분은 역사적·예술적 가치가 높기 때문에 국가에서 중요 무형 문화재로 지정해서 보존하고 있어. 탈놀이는 그 지방 고유의 탈을 각각 사용하고 있지. 하지만 나라에서 국보로 지정된 탈은 하회탈과 병산탈(국보 제121호)이 전부야. 병산탈은 하회탈과 비슷한 시기에 만들어졌고, 그 형태가 시원하고 간결해.

하회탈의 종류

하회탈은 원래 12종류지만 지금 남아 있는 탈은 주지탈 2개와 각시·중·양반·선비·초랭이·이매·부네·백정·할미 탈이 전부야. 총 10종

11개가 남아 있지. 총각탈과 별채탈은 남아 있지 않아 어떤 탈인지 자세히 알 수 없어.

구하 김동표 선생님이 만든 하회탈

이 책에 소개된 하회탈들은 구하 김동표 선생님이 만든 것이야. 실제 국보인 하회탈은 색이 바래고 파손된 곳이 많아 사진으로 보면 형태를 잘 알 수 없거든. 그래서 이해하기 쉽도록 하회탈 원형에 가장 가깝게 만든 탈을 실었어. 국보인 하회탈은 국립 중앙 박물관에 보관되어 있어. 하지만 일반 전시실이 아닌 수장고에 보관되어 일반 관람객은 볼 수가 없어. 수장고란 귀중한 유물을 간직하는 창고를 말해.

주지는 사람 얼굴에 쓰는 탈이 아니기 때문에 하회탈에 포함시킬 수 없다는 의견도 있어. 또 사라진 탈 중 떡다리탈이 있다 없다는 의견도 있어. 이 책에서는 주지탈을 하회탈로 포함시켰고 떡다리탈은 하회탈에서 제외시켰어. 그리고 사라진 총각탈, 별채탈은 자료가 없기 때문에 다루지 않아.

하회탈은 어떻게 만들어질까?

이제 하회탈 만드는 방법을 살펴볼 거야. 하회탈이 어떻게 만들어지는지 알면 하회탈을 보는 데 도움이 되거든. 여기서는 김동표 선생님이 어떻게 하회탈을 만드는지 간단히 소개할게. 하회탈은 나무로 만든 대표적인 탈로 재료는 오리나무야.

먼저 오리나무를 세로 10㎝ 두께로 잘라. 각시탈은 다른 탈보다 크기 때문에 12㎝로 잘라야 돼. 자른 나무조각을 바람이 잘 부는 그늘에서 2~3년 정도 말리지. 나무가 잘 말라야 탈을 깎을 때 나무가 비틀리지 않거든. 잘 마른 나무 윗면에 탈 밑그림을 그려. 그래야 정확한 탈

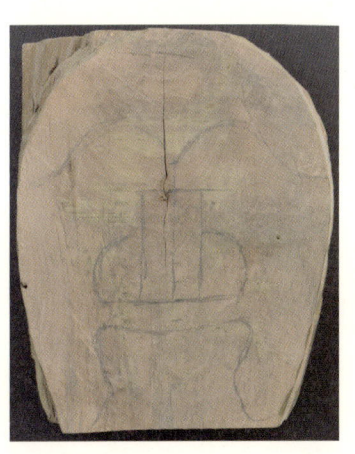

재질이 치밀하고 단단한 오리나무를 잘 말려 만드는 하회탈

망치와 끌로 조심스럽게 바깥부터 깎아야 하는 하회탈 만들기

모양이 나오거든.

다음에는 밑그림을 따라 망치와 끌로 조심조심 깎아야 해. 먼저 위 사진처럼 탈 뒷면부터 깎아. 왜 뒷면부터 깎냐고? 탈 앞면은 둥글기 때문에 먼저 깎으면 탈 깎기가 힘들어지거든. 뒷면을 다 깎으면 다시 돌려 앞면을 깎아. 이때 바깥부터 끌로 조금씩 깎으면 돼.

이제 코 길이만큼만 남겨 놓고 얼굴 아래위를 잘라 깎아 내야 해. 얼굴 중앙에 있는 코를 먼저 만들고 눈, 눈썹 등 각 부위의 윤곽선을 그려 끌로 깎으면 얼굴 형태가 대충 나와.

눈과 콧구멍을 뚫고 난 다음 주름을 넣었더니 좀 탈 모양 같지?

이제 한지를 손으로 찢어 탈에 붙여야 해. 이때 나무와 종이는 서로 결이 다르

자연스런 나무 결이 드러난 하회탈

게 붙여야 탈이 더 튼튼해진대. 이렇게 한지를 붙이고 나면 옻칠을 하고 하루 동안 말려야 해. 그리고 다시 한 번 옻칠을 해 하루 더 말려야 색깔이 예쁘게 나와. 이렇게 하면 탈 만들기는 거의 끝난 거나 다름없어.

양반탈, 선비탈, 백정탈, 중탈은 턱이 떨어진 탈이잖아. 그래서 턱을 따로 만들어 줘야 해. 턱을 만들고 구멍을 뚫어 연결하면 완성되지.

얼굴과 분리하여 만든 턱

허 도령과 김 씨 처녀의 사랑 이야기 —허 도령 전설

허 도령 전설과 하회탈은 떼려야 뗄 수 없는 실과 바늘 같은 사이야. 허 도령은 하회탈을 만든 사람으로 전해지거든. 전설에 나오는 사람이 하회탈을 만들었다는 것도 매우 흥미롭지 않니? 허 도령 전설이 어떤 이야기인지 한번 살펴보자.

고려 중기 때였어. 허 씨 성을 가진 사람들이 하회 마을에 모여 옹기종기 살고 있었지. 그런데 마을 이 집 저 집에 까닭 모를 불이 났고, 자고 나면 가축들이 죽어 갔지. 날이 지날수록 사람들은 점점 불안해지기 시작했어.

어느 날 허 도령이 잠들었는데 꿈에 산신령이 나타났어. 산신령은 허 도령에게 말했지.

"하회 마을에 일어난 나쁜 일을 없애려면 마을 사람들을 닮은 12개의 탈을 만들어야 한다. 그리고 탈을 만들 때 누구라도 엿보면 안 된다. 혹시라도 누가 너를 보면 너는 그 자리에서 피를 토하고 죽게 될 것이야."

다음 날 허 도령은 탈을 만들기 위해 화산 중턱에 있는 빈집으로 올라갔어. 허 도령은 서둘러 금줄을 쳤지. 금줄은 부정을 막기 위해 집 주위에 두르는 줄이야.

허 도령은 깨끗이 목욕하고 산신령에게 기도를 드렸어. 그러고는 정성을 다해 탈을 깎기 시작했지. 산신령이 도와서일까 허 도령의 손은 정말 빠르고 섬세했어. 허 도령의 손이 닿은 오리나무는 순식간에 사람의 얼굴로 바뀌었거든. 양반탈, 선비탈, 각시탈, 중탈, 초랭이탈……. 이렇게 탈들이 하나씩 만들어졌어.

어느덧 푸른 산은 알록달록하게 물들었어. 찬바람이 불면 노란 은행잎이 빙글빙글 돌며 아래로 떨어졌지. 계절이 가을로 바뀐 거야. 이제 허 도령은 마지막 이매탈을 깎고 있었지.

마을에는 허 도령을 짝사랑하는 김 씨 처녀가 살았어. 김 씨 처녀는 허 도령이 산에서 내려오기만을 손꼽아 기다렸지. 그런데 허 도령이 너무 보고 싶어 참을 수 없었던 거야. 김 씨 처녀는 안 되는 줄 알면서도 허 도령을 보러 산으로 올라갔어. 몰래 숨어서 허 도령을 보면 아무 일도 없을 거란 생각이 들었거든.

김 씨 처녀는 나무 뒤에 숨어서 허 도령을 훔쳐보았어. 그 순간 어두운 하늘에 환한 빛이 번쩍거렸지. 천둥이 요란하게 쳤고 사방에 있

던 구름이 둥근달을 한입에 삼켜 버렸어. 김 씨 처녀와 허 도령의 눈이 마주치고 만 거야. 결국 허 도령은 피를 토하며 쓰러지고 말았어.

"안 돼!"

김 씨 처녀의 비명이 온 산을 뒤덮었지. 허 도령 손에서 턱 없는 이매탈이 툭 떨어졌어. 김 씨 처녀는 하늘이 무너지는 듯 눈앞이 캄캄했지. 허 도령의 죽음이 모두 자기 잘못이라는 생각이 들었거든. 김 씨 처녀는 허 도령을 따라가기로 굳게 마음먹었지.

그래서 이매탈은 턱이 없단다. 뒷이야기가 궁금하다고? 그러면 안동 국제 탈춤 페스티벌 홈페이지의 애니메이션 코너에 들어가 봐. 〈허 도령 이야기〉라는 애니메이션을 보는 것도 도움이 될 거야.

하회탈 자세히 들여다보기

• 살아 있는 신 – 각시탈

각시탈은 머리와 눈썹이 검고 머리 모양이 특이해. 여섯 개의 타래가 이어져 있고, 멀리서 보면 일(一)자 모양이야. 머리는 양쪽 두 귀 아래까지 흘러내렸어. 오른쪽 머리는 아래를 감아올렸지. 이마 중간에는 빨간 곤지를 찍었어. 곤지는 혼례를 치를 때 신부 이마 가운데 그렸던 붉은 점이야.

양쪽 눈썹은 어떨까? 오른쪽 눈썹이 왼쪽 눈썹보다 더 크게, 더 위로 그려져 있어. 실눈을 살포시 뜨고 있지만, 자세히 보면 짝짝이 눈이야. 왼쪽 눈은 아래로 내리깔고, 오른쪽 눈은 좀 더 크게 뜨고 앞을 보고 있지. 사진에 나타난 각시탈 두 눈을 자세히 살펴봐. 조금 이상하지 않니? 왼쪽보다 오른쪽 눈이 조금 더 커.

각시탈은 이 눈으로 도대체 어디를 보는 걸까?

왼쪽 눈이 보는 아래쪽은 세상 밑바닥을 뜻해. 각시에게 주어진 '사회적 제약', '여성 차별'을 눈으로 나타낸 거야. 그렇다면 제대로 뜬 오른쪽 눈은 무엇을 상징할까?

어렵게 생각하지 말고 나라고 한번 생각해 봐. 만약 어떤 사람이 눈을 부릅뜨고 똑바로 쳐다본다면 어떤 기분이 들지? 대들거나 달려드는 기분이 들지 않을까?

그래 맞아. 각시탈의 오른쪽 눈은 바로 그런 의미야. 어떤 상대에게 대들거나 달려들기 위해 눈을 똑바로 뜨고 앞을 노려보는 거라고. 그렇

오른쪽　　　　　　　　　　　　　　　왼쪽

다른 하회탈보다 크고 여성의 고된 삶을 표현한 각시탈

다면 그 상대가 과연 누굴까?

　탈춤은 사회를 비판하고 풍자하는 내용을 담고 있지. 탈도 마찬가지야. 각시탈은 눈을 통해 당시 사회를 비판하고 있는 거야. 다시 말해 각시탈은 서로 다른 두 눈을 통해 남녀 불평등, 남성 중심의 가부장적 사회 제도를 비판하고 있어.

　그때 각시는 어떤 삶을 살았을까?

　'봉사 3년, 벙어리 3년, 귀머거리 3년'이란 말을 한 번쯤 들어 봤을 거야. 당시 여자들은 결혼을 하면 시부모님을 모시고 살면서 보고도 못 본 척, 입이 있어도 말하지 못하고, 들어도 못 들은 척 참으며 살아야 했어. 이런 심정이 눈으로 표현된 거야.

　각시탈의 코는 평평하고 콧구멍이 뚫려 있지 않아. 감기가 들어 코가 막히면 숨을 제대로 쉴 수 없잖아. 그런데 콧구멍이 아예 뚫려 있지 않다면 어떨까? 정말 답답하겠지.

서낭신으로 땅을 밟지 않는 각시

옛날 여자의 삶이 그랬단 말이야. 숨 막히게 힘든 삶을 막힌 콧구멍으로 표현한 거야. 게다가 각시탈은 콧대도 바르지 않아. 콧대를 윗입술 위까지 쭉 연장해 보면 얼굴 세로선이 코를 중심으로 더욱 삐딱해져 있어. 이것 역시 세상에 대한 불만을 표현한 거야.

각시탈은 남성 탈에 비하여 코가 길지만 콧대는 낮아. 낮은 콧대는 낮은 자존심을 뜻하는 거야. 당시 여자들은 사회적 차별을 받았기 때문에 있어도 없는 척하며 숨죽이고 조용히 살았어. 요즘처럼 자존심을 드러내 놓고 살 수 없었거든.

각시탈은 넓고 평평한 두 뺨에 붉은 연지를 찍었어. 이마에 찍는 곤지처럼 연지도 새색시 볼에 그리는 붉은 점이야. 입술은 붉은 색이고 굳게 다물고 있지. 할 말이 있지만 자유롭게 말하고 살 수 없는 각시의 처지를 나타낸 거야. 좌우 입 모양도 서로 다른데 오른쪽 입꼬리가 약간 올라갔어. 이것도 일종의 불만 표시야. 불만이 있지만 드러내 놓고 화를 낼 수 없었거든. 그러니 어쩔 수 없이 입을 다물고 실룩거리기만 하는 거라고.

얼굴색은 분을 바른 것처럼 주황색에 흰 빛깔을 덧칠했어. 두 뺨에는 연지를 찍고 이마에는 곤지를 찍었지. 딱 봐도 결혼식을 앞둔 각시의 모습이잖아. 각시탈은 하회 별신굿 탈놀이의 주인공인 서낭신을 말해. 서낭신은 마을을 지켜 주는 신이지.

각시탈은 하회 별신굿 '강신' 과정에서 볼 수 있어. '강신'은 굿에서 신을 부르는 행위를 말해. 이 과정은 화산 중턱에 있는 서낭당에서 진행되지. 여기서 신이 바로 각시야. 각시탈을 쓰고 각시 역할을 하는 광대는 초록 저고리에 다홍치마를 입고 나와. 각시는 하회 마을을 지키는 성황신이기 때문에 땅을 밟지 않아. 사람 어깨 위에 서서 춤을 추지. 게다가 아무 대사도 없어.

허 도령 전설을 알지? 거기 등장하는 김 씨 처녀가 죽어서 서낭신이 돼. 하회 별신굿 탈놀이의 마지막 마당은 혼례 마당이야. 혼례 마당에서 각시는 결혼을 하게 되지.

각시탈은 얼굴선이 조금 삐뚤어졌지만 머리 모양과 얼굴이 전체적으로 거의 좌우 균형을 이루고 있어. 또한 표정은 조용하고 차분하지. 하지만 각시탈이 신이라고 생각하면 곱다기보다 위엄 서린 느낌이 더 강하게 느껴져.

각시탈은 하회탈 중에 가장 크고 무거워. 아이

혼례 마당에서 결혼식을 올리는 각시

들이 쓰면 저절로 고개가 숙여질 정도지. 이렇게 탈을 무겁게 만든 특별한 이유가 있어. 하회 별신굿 탈놀이를 연극이라는 관점에서 보면 각시탈은 클 수밖에 없어. 하회탈은 단순히 보기 위한 조각품이 아니라 실제 공연을 위한 탈이기 때문이야.

그런데 하회 별신굿 탈놀이에서 각시 광대는 사람의 어깨 위에 올라서서 연기를 하지. 그러면 관객과 거리가 조금 멀어질 수밖에 없잖아. 관객 입장에서 좀 더 잘 보려면 탈이 더 커야 되겠지? 그래서 각시탈이 다른 탈보다 더 큰 거야. 하지만 실제 하회 별신굿 탈놀이 공연에서 각시탈 크기는 다른 탈 크기와 비슷하게 보여.

• 한국의 탈, 한국인의 웃음 – 양반탈

양반탈의 머리와 눈썹은 검은색이야. 눈과 눈썹은 갈매기가 날아가는 모습 또는 물결 모양인데 눈은 초승달처럼 뚫려 있지. 한편 양쪽 눈 크기는 서로 달라. 왼쪽 눈이 오른쪽 눈보다 더 크지.

양반탈의 코는 크고 높이 솟아 있어. 매부리코에 가깝고 콧구멍이 뚫려 있지. 하회탈에서 콧구멍이 뚫려 있다는 것은 숨 쉬고 살 만한 '자유'를 말하는 거야. 각시탈은 코가 막혀 있잖아. 당시 각시는 자유롭지 못한 삶을 살았기 때문에 콧구멍이 막혀 있는 거라고.

양반탈의 코는 강한 인상을 주지만 선비탈보다 콧대도 조금 낮고 콧날도 더 부드러워. 양반이 제일 높은 사람인데 선비보다 콧대가 왜 낮을까? 여기에는 특별한 이유가 숨어 있어.

코 높이는 '자존심 세기'야. 당시 양반의 삶을 이해하면 양반탈의 코가 왜 그런지 이해할 수 있어. 고려 시대 양반은 벼슬도 있고, 먹고 살 만큼 재산도 있었기 때문에 부족한 것 없이 여유로운 삶을 살았어. 조그마한 것 하나까지 아등바등 욕심낼 필요가 없었다고.

다시 말하자면 선비에 비해 양반은 안정적이고 현실에 타협하는 인물로 표현한 거지. 그렇다고 양반의 자존심이 낮았다는 말은 아니야. 양반은 자존심이 있었지만 굳이 드러낼 필요가 없었기 때문에 여유를 부리며 평화롭게 살았던 거지. 그래서 양반탈의 코는 크지만 제일 높지도 날카롭지도 않은 거야.

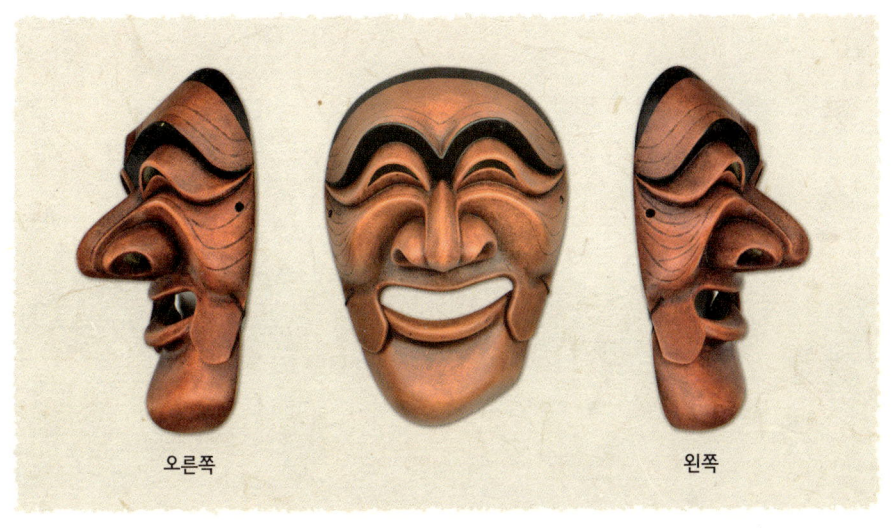

오른쪽   왼쪽

여유 있고 편안한 웃음을 보여주는 양반탈

양반탈은 양 볼과 눈 아래에 가느다란 주름이 있어. 이 주름은 실눈과 더불어 웃는 모습을 더욱 돋보이게 만들어. 게다가 돌출된 광대뼈는 웃음을 호탕하게 만들어 주지.

여기서 광대뼈에 관한 이야기를 잠깐 할게. 광대뼈 이야기는 뒤에도 나오거든. 다른 민족에 비해 한국인의 얼굴에는 독특한 특징이 있어. 바로 광대뼈가 그 중 하나야. 나이가 들면 들수록 광대뼈가 튀어 나오거든. 하회탈에서 광대뼈가 튀어나온 것은 세월의 흔적을 말하는 거야. 주름도 광대뼈가 상징하는 것과 마찬가지야. 광대뼈가 튀어나오고 주름이 있다면 바로 늙었다는 뜻이지.

사람들에게 '한국의 탈' 하면 무엇이 떠오르는지 물어보면 아마 대부분 제일 먼저 하회탈이 생각난다고 할 거야. 하회탈 중에서도 특히 양

소매가 넓은 흰색 도포를 입고 한 손에 부채를 든 양반

반탈을 떠올리지. 양반탈은 하회 별신굿 탈놀이 양반·선비 마당에서 볼 수 있어. 양반 광대는 흰색 도포를 입고 정자관을 쓰고 한 손에는 부채를 들고 나타나. 도포는 옛날 남자들이 입던 소매가 넓은 겉옷이고, 정자관은 양반들이 평상시 머리에 쓰던 관이지.

한편 하회탈의 눈썹과 눈, 광대뼈의 곡선은 나란히 줄지어 있어. 갈매기가 날아가는 것처럼 부드러운 곡선이 여유 있는 웃음을 만들어 내는 거야. 하회탈 중에 가장 여유 있고 편한 웃음이 바로 양반탈의 웃음이거든. 그래서 양반탈의 웃음은 '한국인의 웃음'으로도 통하잖아.

양반탈은 표정이 변하는 탈이야. 나무로 만든 탈이 표정이 바뀐다는 게 놀랍지 않아? 양반탈은 고개를 뒤로 젖히면 눈꼬리가 밑으로 처지고 눈구석이 위로 올라가. 그러면서 자동으로 입이 크게 열리지. 이렇게 되면 양반탈은 웃는 모습으로 자연스럽게 변해.

반대로 고개를 숙이면 어떻게 될까? 눈꼬리가 위로 올라가고 눈구석이 아래로 내려와. 이때 입이 툭 닫혀 화난 얼굴이 되어 버리지.

하회탈의 가장 큰 특징 중 하나는 바로 떨어진 턱이야. 광대가 탈을 쓰고 말하면 떨어진 턱이 자유롭게 움직이거든. 양반탈 외 다른 탈 몇

뒤로 고개를 젖히면 호탕하게 웃는 듯한 표정의 양반탈

개도 턱이 떨어져 있어. 대부분 남성 탈이며 상징하는 의미는 양반탈과 비슷해. 이런 특징은 하회탈만이 가진 독특한 감정 표현 방법 중 하나지.

양반탈은 고개를 젖히면 호탕하게 웃고 고개를 숙이면 화난 얼굴로 변해. 세상에 이런 탈은 하회탈 밖에 없을 거야.

실제로 선비와 인사하고 이야기할 때나 부네와 어울리고 수작을 할 때는 여유를 부리며 머리를 뒤로 젖혀 웃는 표정을 만들어. 하지만 초랭이의 예의없는 행동을 나무라거나 화가 나서 선비와 다툴 때는 머리를 숙이면서 화난 표정을 만들어 목소리를 높이지.

양반탈의 떨어진 턱과 벌린 입은 말할 수 있는 자유를 뜻하는 거야. 각시와 달리 양반은 하고 싶은 말을 언제든지 할 수 있는 신분이었어. 그래서 입도 뚫어 놓고 턱도 떨어뜨려 놓은 거야. 하회 별신굿 탈놀이를 봐도 양반은 말을 많이 하는 편이야.

양반·선비 마당에서 양반과 선비가 서로 말다툼하는 장면을 본다면 보다 확실하게 알 수 있어. 서로 잘난 척하며 엉뚱한 말로 다투다가 결국 무승부로 끝나거든.

• 지식인의 자존심, 선비의 풍류 – 선비탈

선비탈은 머리 부분과 눈썹은 검은색이고 이마에 주름이 있어. 앞에서 말했지만 주름은 세월의 흔적을 말하는 거야. 곤두선 눈썹과 부릅

뜬 도끼눈은 불만이 가득해 보이지. 양쪽 눈꼬리는 위로 치켜 올라가고 눈썹과 눈썹 사이를 찌푸렸지.

선비탈은 어떻게 보면 밝게 웃는 것 같지만 다르게 보면 다소 거만한 표정인 것 같아. 선비탈 역시 두 개의 표정을 가졌기 때문이야. 선비탈의 두 눈은 왜 서로 다르게 생겼을까?

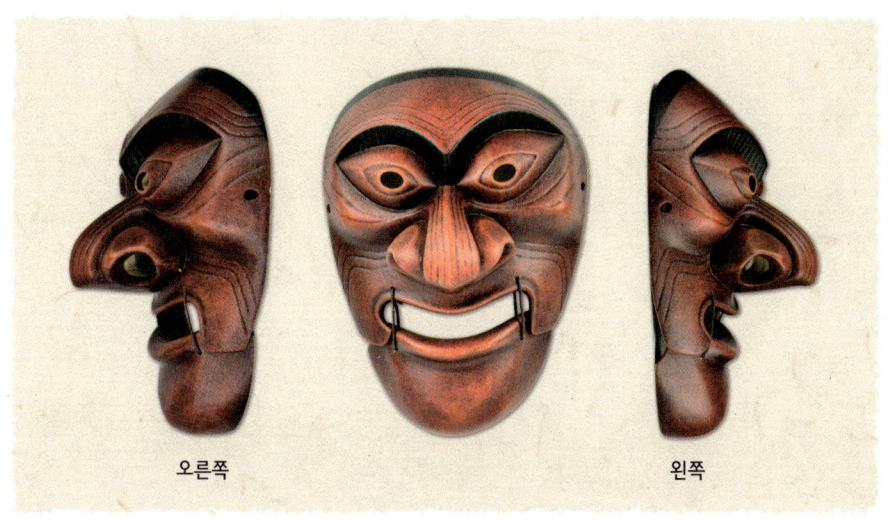

오른쪽   왼쪽

세상에 대한 불만이 가득해 보이는 눈을 가진 선비탈

선비는 공부하는 사람이잖아. 옛날에 선비는 일하지 않고 책만 읽었어. 매일 책만 읽다 보니 집안 형편이 어려운 건 당연한 거 아니겠어? 그렇다 보니 양반처럼 좋은 환경에서 살 수 없었지.

'나 선비요, 내가 세상에서 제일 똑똑하지.' 하면서 겉으로 선비는 웃지만 속으로는 '배가 너무 고파. 일이 왜 이렇게 안 풀리는 거야!' 하면서 화를 내는 거라고. 그래서 두 눈에 불만을 나타낸 거야. 다시 말해 선비로서의 자신감과 자존심을 지키기 위해 감춰야 하는 속마음을 두 눈에 나타낸 거라고.

지식인으로서 콧대가 가장 높은 선비

선비탈은 하회탈 중 콧대가 가장 높아. 선비탈의 콧대는 삼각형에 가까울 만큼 날카롭게 우뚝 서 있어. 못생긴 매부리코에 좌우 모양도 다르지. 신분으로 따지면 하회탈 중 양반탈이 제일 높잖아. 하지만 지식인으로서의 자존심은 선비탈이 더 높아.

이런 특징은 하회 별신굿 탈놀이 양반·선비 마당에서 더 확실하게 볼 수 있어. 선비와 양반이 학식 다툼, 지체 다툼 같은 말싸움을 벌이거든. 이때 선비 모습을 자세히 살펴보면 두 개의 표정을 볼 수 있어.

공연할 때 관객은 선비의 오른쪽 옆모습을 보거든. 이때 선비의 오른쪽 표정은 굉장히 날카롭고 섬뜩해. 동시에 양반이 보는 선비의 왼쪽 표정은 어떨까?

선비는 양반에게 웃는 얼굴을 보여 주고 있어. 다시 말해, 선비의 마음은 겉과 속이 다른 상태이지만 얼굴 표정은 좌우가 다른 상태인 거지. 선비는 왜 이래야만 했을까?

선비는 양반에게 웃음을 보여주며 자존심을 지킨 거야. 하지만 관객에게는 화난 모습을 보여 주며 현실에 대한 불만을 알린 거지. 그래서 선비의 두 눈과 표정이 다른 거라고.

화가 난 듯 고개 숙이고 호통치는 선비

하회 별신굿 탈놀이에서 선비 광대는 푸른 빛이 도는 도포를 입고 유건을 머리에 쓰고 담뱃대를 들고 나타나. 유건은 선비들이 쓰던 일종의 실내용 두건이야.

선비탈의 양 볼과 눈 가장자리에는 주름이 새겨져 있어. 게다가 광대뼈는 이상할 정도로 크게 튀어나왔지. 선비탈은 광대뼈의 돌출과 주름으로 나이 든 모습을 표현하며 턱은 따로 떨어져 있어. 선비 탈 역시 높은 신분, 즉 마음 놓고 아무 말이나 할 수 있는 위치를 말해.

얼굴빛은 주홍색 바탕에 갈색으로 강한 느낌을 주지. 전체적인 표정을 볼 때 선비탈은 양반탈에 비해 여유가 없고 불만스러워 보여.

선비는 이런 불만을 양반에게 절대 드러내지 않아. 양반 앞에서 황새처럼 우아한 걸음과 웃는 얼굴만 보여주거든. 또한 양반과 마찬가지로 선비는 여자를 좋아하며 사서삼경의 의미도 잘 알지 못할 만큼 무지하고 허세가 심해. 양반과 부네를 사이에 두고 다투기도 하지.

• 엉큼하고 능청스러운 웃음 - 중탈

중탈은 머리 부분과 눈썹이 검은색이고 이마 가운데 작은 혹이 있어. 초생달 모양의 가는 실눈이 미소를 짓고 있지. 중탈을 자세히 보면 양쪽 눈매가 서로 달라. 왼쪽 눈이 오른쪽 눈보다 더 길고 가늘어.

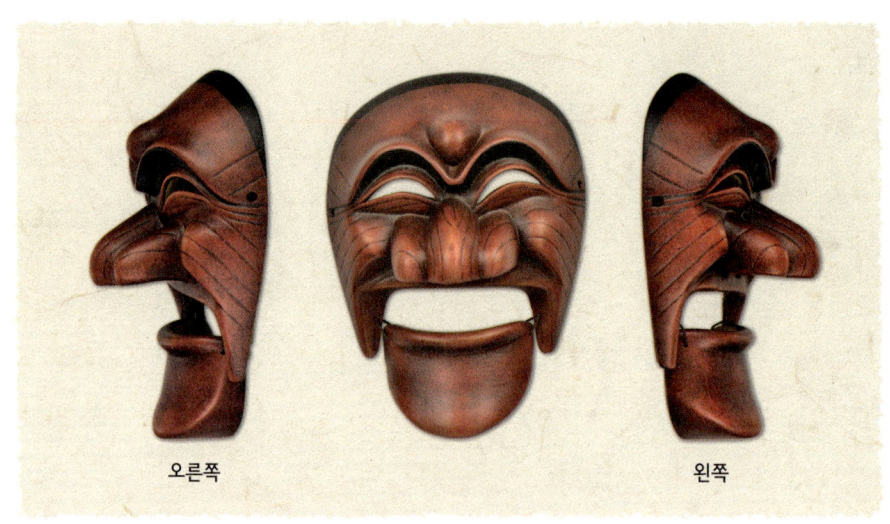

지배 계층이었던 승려를 풍자하기 위해 만든 중탈

콧대는 선비탈과 양반탈에 결코 뒤지지 않을 만큼 높아. 고려 시대 중(승려)은 귀족, 즉 지배 계층이기 때문에 콧대를 높게 만든 거야. 고려 시대에는 승려가 되려면 쉽지 않았어. 승과라는 과거 시험에 합격해야 승려가 될 수 있었거든.

이렇게 승려가 되면 사원전이라는 땅을 지급 받았고, 나라에서 시키는 강제 노동도 하지 않았어. 고려 시대 승려는 양반만큼 신분이 높았기 때문에 자존심이 높은 건 당연한 거라고. 반면 조선 시대 승려들은 각종 노동에 시달리고 천민처럼 생활했어. 왜냐하면 조선 시대는 유교 국가라 불교를 억압했거든.

중탈의 코는 매부리코이지만 콧날 끝은 부드럽게 깎여 있어. 신분이 높지만 승려는 종교인이잖아. 종교인의 고귀한 인격을 부드러운 콧날로 표현한 거라고.

중탈의 양쪽 뺨 언저리에는 주름이 있고, 광대뼈는 오른쪽이 조금 더 튀어 나왔어. 나이 든 중의 모습이야.

중탈은 파계승 마당에서 볼 수 있어. 중 역할을 하는 광대는 모자를 쓰고 가사와 장삼을 입고 한 손에 염주를 들고 나타나지. 웃는 표정이나 걷는 모습이 매우 능청스럽게 보여.

장삼은 승려의 웃옷으로 길이가 길고, 품과 소매를 넓게 만들지. 가사는 승려가 장삼 위에, 왼쪽 어깨에서 오른쪽 겨드랑이 밑으로 걸쳐 입는 옷이란다.

중탈은 전체적으로 볼 때 실눈을 뜨고 크게 웃는 모습이야. 벌린 입은 능청스럽게 웃고 있지. 윗입술이 보이지 않을 정도로 크게 벌어져 있어. 턱은 떨어져 자유롭게 움직일 수 있어. 당시 승려는 양반처럼 높은 신분이었기 때문에 마음놓고 아무 말이나 할 수 있었지. 중탈은 전체적으로 검붉은 대춧빛에 가까운 색이야.

그런데 가만히 생각해 보면 승려는 속세를 버리고 수도하는 사람이잖아. 그렇기

우리나라의 국보 하회탈

때문에 더더욱 엄숙하고 자비로운 모습을 보여 줘야 해. 하지만 중탈에서 이런 모습을 찾을 수 없어. 오히려 평범한 사내의 능청스러움과 엉큼함이 느껴지거든. 하회 별신굿 탈놀이 파계승 마당을 봐도 중의 행동은 세속적이고 엉큼해. 중탈은 왜 이렇게 만들었을까?

아마 그 당시 종교인의 모순된 행동을 속속들이 들춰내려고 일부러 이렇게 만든 게 아닐까 생각해. 탈놀이는 세상을 비판하고 풍자하는 내용을 담고 있으니까.

• 두려움 섞인 애매한 웃음 – 백정탈

백정탈의 머리와 눈썹은 검은색이고 눈꼬리와 주름이 치켜 올라갔어. 이마는 짱구처럼 튀어나왔는데 오른쪽 이마보다 왼쪽 이마가 더 높고 두툼해. 두 눈썹 사이에는 작은 혹이 있어.

눈썹 위아래 주변으로 주름이 뚜렷하게 보이지만 이것은 나이를 표

오른쪽과 왼쪽 눈꼬리 위치가 다른 백정탈

현한 게 아니야. 양반, 선비 탈과 달리 백정의 주름은 고생한 흔적을 말하거든. 좌우 눈썹 모양도 달라. 오른쪽 눈썹 끝이 더 위로 올라가 눈을 더 크게 뜬 것처럼 보이지. 오른쪽 눈썹과 비교해 보면 왼쪽 눈썹 끝은 약간 처져 있어.

백정탈은 눈매로 감정을 표현했어. 백정은 고려 시대 양민 신분, 즉 중간 계층이었지만 신분상 노동력을 빼앗기며 살아야 했거든. 이것에 대한 불만을 치켜 올라간 눈꼬리로 나타낸 거야. 전체적으로 험상궂은 표정이기 때문에 양반탈과 달리 고개를 젖혀도 활짝 웃는 것처럼 보이지 않아.

넓고 큰 코가 아래로 길고 밋밋하게 뻗었어. 그리고 콧대는 왼쪽으로 조금 기울었어. 비뚤어진 코는 노동력 착취에 대한 불만을 나타낸 거야. 오른쪽 광대뼈는 위로 곡선을 그리다가 눈꼬리 쪽에서 물결치듯 위로 올라가지. 반대로 왼쪽 광대뼈는 아래로 약간 처져 있어.

양볼에는 여러 개의 주름이 뚜렷하게 드러나 있어. 여기서 백정의 주름은 나이가 아닌 착취당한 노동력과 고통의 흔적을 말해. 또한 양반, 선비 탈처럼 턱이 떨어져 있어. 고려 시대 백정은 중간 계층이었기 때문에 입을 틀어막고 살 처지는 아니었거든.

백정탈은 하회 별신굿 탈놀이 백정 마당, 양반·선비 마당, 파계승 마당에서 볼 수 있어. 백정 광대

우리나라의 국보 하회탈

는 패랭이를 쓰고 천민 복장에 삼색 띠를 매고 도끼와 칼을 들고 나타나. 패랭이는 조선 시대에 역졸, 보부상처럼 신분이 낮은 사람이 댓개비로 만들어 쓴 갓이야.

하회 별신굿 탈놀이에서 소 잡는 백정

고려 시대 백정은 양민, 즉 중간 계층이었지만 조선 시대에는 최하층 천민 신분으로 떨어졌어. 하회탈은 고려 시대 만들어졌다고 했잖아. 그래서 백정을 중간 계층으로 봐야 해.

백정탈은 여러 개의 주름이 선명하게 패어 있어. 각진 모양의 턱과 콧등 주변에도 주름이 있지. 비뚤어진 이마 주름과 불만 섞인 입은 백정탈을 아주 험악하게 만들어. 게다가 얼굴빛도 검붉은 주황색이야. 어두운 색깔 역시 백정탈을 더 사납고 거칠게 만들어 주지.

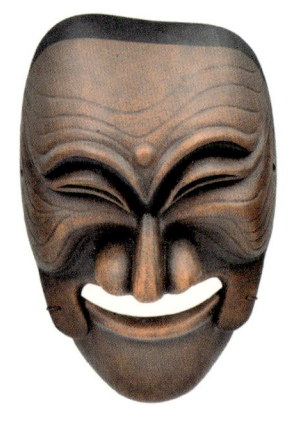

고개를 숙였을 때 험악한 표정이 되는 백정탈

백정도 두 가지 표정을 가지고 있어. 오른쪽과 왼쪽 모습이 다르거든. 왼쪽 옆모습이 더 험악하게 보여. 게다가 위아래에서 보는 모습도 달라. 고개를 숙이면 험악한 표정이 되고 뒤로 젖히면 웃음과 두려움이 섞인 애매한 표정이 되지. 백정은 왜 이런 표정을 지을까? 백정은 소, 돼지 같은 짐승을 잡는 직업이잖아. 싫어도 먹고살기 위해 짐승을 죽여야 했어. 백정의 표정은 웃는 듯 보이지만 웃는 게 아니야. 애매한 웃음은 현재 삶에 대한 괴로움과 종교적 갈등을 말해.

고려 시대는 불교 국가라고 했잖아. 불교는 살아 있는 생명을 죽이지 말라고 가르치거든. 그런데 백정은 먹고 살기 위해 어쩔 수 없이 종교와 전혀 다른 고통스런 삶을 살았던 거지.

• 촐랑촐랑 까불이 – 초랭이탈

옆에서 보면 초랭이탈 이마는 이상할 정도로 툭 튀어나왔어. 초랭이탈 옆모습을 한번 봐. 솟아오른 이마는 사나운 성격을 말하는 거야. 하회 별신굿 탈놀이를 보면 초랭이는 하인이지만 양반과 선비를 놀리며 반항하듯 항상 까불거리거든.

검은색 눈썹은 둥글고 눈에 하얀 테가 그려져 있어. 조그만 눈은 톡

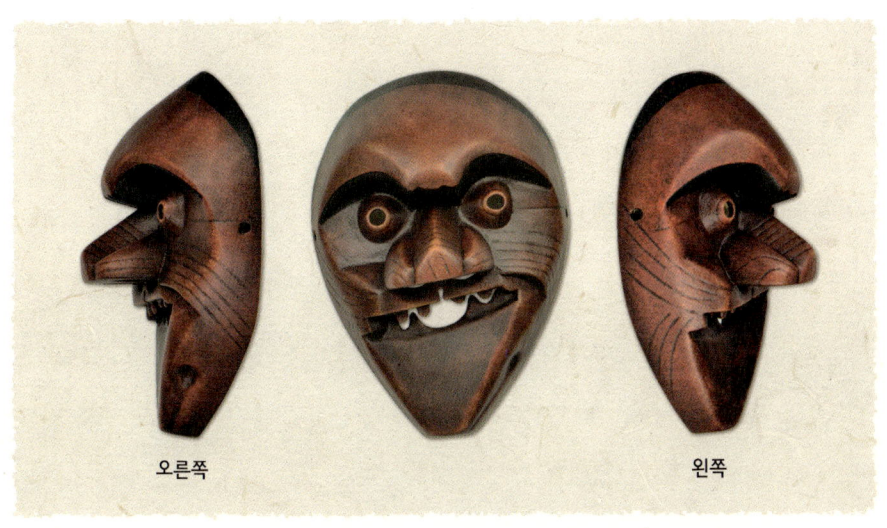

오른쪽   왼쪽

놀라 튀어나온 듯한 두 눈이 인상적인 초랭이탈

튀어나와 놀란 토끼 눈 같아. 자세히 보면 두 눈의 모양이 조금 달라. 왼쪽 눈이 조금 더 크고 더 위쪽에 있어.

콧방울의 모양과 높낮이도 좌우가 달라. 코는 뭉툭하게 잘려나가 있어. 코가 싹둑 잘린 이유는 당시 신분 제도가 초랭이의 자존심을 짓밟고 뭉개 버렸다는 걸 나타내. 자존심이 있으면 뭐해! 초랭이는 하인이기 때문에 마음대로 할 수 있는 게 아무것도 없었어.

볼 왼쪽이 불쑥 솟아 입꼬리와 맞닿아 있어. 양쪽 볼에 있는 주름은 늙었다는 뜻이 아니고 백정탈과 마찬가지로 고생한 흔적을 말하는 거야. 초랭이탈은 아직 파릇파릇한 젊은이 모습이잖아.

초랭이탈의 입은 크게 삐뚤어져 있어. 입꼬리는 오른쪽 위로 올라가고 볼우물은 곡선을 그리며 깊이 파져 있지. 게다가 왼쪽 입꼬리는 아래로 처져 있어. 오른쪽 입을 보면 살짝 웃는 모습이지만 반대로 왼쪽 입을 보면 욕을 퍼붓듯 화가 난 모습이거든.

초랭이는 왜 좌우 표정이 다를까?

선비탈처럼 초랭이탈 역시 삶에 대한 불만을 두 개의 표정으로 나타낸 거야. 선비는 신분이 높고 초랭이는 신분이 낮기 때문에 서로 입장이 다를 뿐이야. 어떤 차이가 있는지 한번 볼까?

하회 별신굿 탈놀이 양반·선비 마당을 보면 초랭이와 양반이 대화하는 장면이 나와. 이때 초랭이는 양반에게 거짓 웃음을 보여 줘. 주인인 양반이 보고 있기 때문에 초랭이는 싫어도 웃어야 되거든. 이것이 바로 하인 초랭이의 삶이었어.

반대로 왼쪽 얼굴은 화를 내고 있어. 힘든 삶에 대한 초랭이 불만을 화로 표현한 거지. 하지만 초랭이의 화난 표정은 관객만 볼 수 있어. 초랭이가 화났다는 것을 관객, 즉 세상에 알려야 했거든. 그래서 초랭이는 양반에게 거짓으로 웃으면서 한편으로는 세상을 향해 불만을 드러내는 거라고.

초랭이탈은 하회 별신굿 탈놀이 파계승 마당, 양반·선비 마당에서 볼 수 있어. 광대는 벙거지를 쓰고 바지저고리 위에 쾌자를 입고 나타나지. 촐랑촐랑 까불거리면서 말이야. 쾌자는 소매가 없고 등솔기가 허리까지 트인 옛 전투복의 하나로 서민이나 하급 군인 등이 겉옷 위에 덧입는 옷이야.

초랭이탈의 턱은 붙어 있어. 남성 탈 대부분은 턱이 떨어져 있잖아. 하필이면 초랭이탈만 턱이 붙어 있을까?

하회탈에서 떨어진 턱은 제대로 말할 수 있는 신분이라는 뜻인데 초랭이는 하인이기 때문에 하고 싶은 말을 할 수 없어. 이런 처지라면 초랭이 입은 막혀 있어야 정상이잖아. 그런데 초랭이탈의 입은 뚫려 있거든.

하회 별신굿 탈놀이를 보면 초랭이는 말을 많이 하는 편이야. 하지만 초랭이 대사를 살펴보면 대부분 주변 눈치를 봐 가며 툭툭 던지는 우스갯소리밖에 없어.

비뚤어진 입으로 우스갯소리를 잘하는 초랭이

제대로 된 말은 하나도 없다고.

다시 말해 세상은 초랭이의 입을 틀어막았지만 초랭이는 어떻게든 말을 해 보겠다는 의지를 가지고 있는 거지. 그래서 턱은 붙었지만 입은 뚫려 있는 거야. 자유를 향한 외침이랄까. 너무 거창한가?

하회 별신굿 탈놀이에서 초랭이는 양반과 선비의 말을 따르는 척하지만 기회가 생길 때마다 우스갯소리를 툭툭 내뱉으며 양반과 선비를 향해 공격하거든.

초랭이탈은 가볍고 조심성 없어 보이고 전체적으로는 불만 가득한 얼굴이야. 입을 비롯해서 자세히 보면 눈, 코, 턱도 조금씩 비뚤지. 게다가 앞으로 툭 튀어나온 이마, 똥그란 눈, 끝이 잘린 코, 어느 하나 제대로 된 것이 없어. 힘든 삶과 처지에 대한 불만을 나타낸 거라고.

• 바보처럼 항상 웃는 얼굴 – 이매탈

이매탈의 눈은 편안하게 웃고 있어. 가는 실눈이 아래로 많이 처져 있지. 눈꼬리가 아래로 늘어져 있기 때문에 가만히 있어도 바보 웃음이 저절로 나오는 얼굴이야.

눈과 눈썹은 양쪽이 다르게 생겼어. 코는 정면에서 보았을 때 조금 비뚤어졌고 콧대가 내려앉았어. 하회탈 중 남성 탈 가운데 콧대가 가장 낮지. 바보에게 자존심은 필요 없거든. 이매탈 코가 낮은 것도 진짜 바보처럼 보이기 위해서야.

이매탈은 선비탈, 양반탈과 달리 광대뼈가 튀어나오지 않았어. 광대뼈가 낮다는 것은 젊다는 뜻이야. 게다가 볼살까지 있어서 이매탈은 진짜 젊은 것처럼 느껴져. 윗입술은 크게 찢어져 있어. 오른쪽 뺨은 넓고 길지만 왼쪽 뺨은 좁고 짧은 편이지.

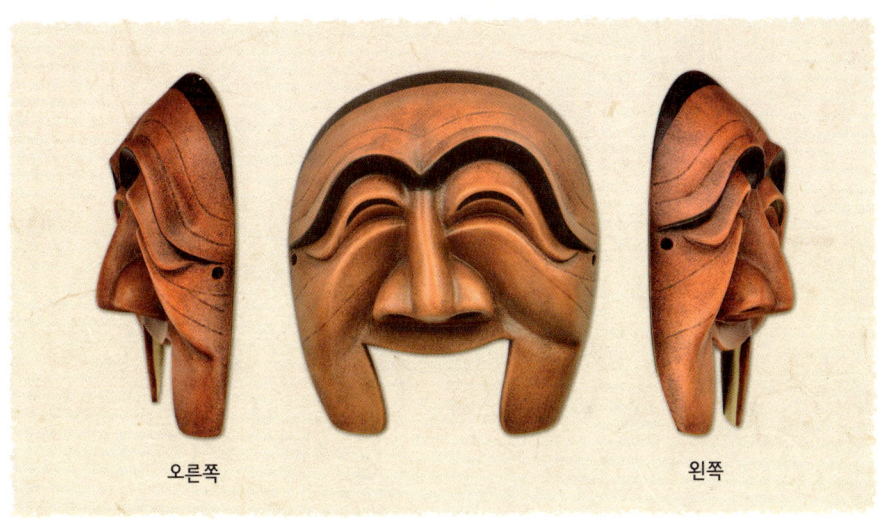

오른쪽   왼쪽

바보처럼 선하게 웃는 눈꼬리를 지닌 이매탈

하회탈을 만들었다는 허 도령 전설 기억나니? 허 도령을 좋아했던 김 씨 처녀가 몰래 허 도령을 보다가 눈이 마주쳐 결국 허 도령이 죽었지. 그래서 이매탈은 완성하지 못했고. 광대가 이매탈을 쓰면 어떻게 보여질까? 다른 어떤 탈보다 더 자연스럽고 사실적으로 보인단다. 조각된 탈이 살아 움직이는 입과 합쳐지니 말이야.

이매탈의 얼굴빛은 주황색이며 전체적으로 맑고 순박한 미소를 짓고 있어. 게다가 아래로 길게 늘어진 실눈, 두툼한 볼살, 좌우가 심하게 다른 기형적 얼굴 등이 합쳐져 아주 자연스러운 바보 표정을 만들지.

이매탈은 하회 별신굿 탈놀이 파계승 마당, 양반·선비 마당에서 볼 수 있어. '이매'라는 말은 어리석다는 뜻이야. 그래서 이매탈을 '바보 탈'이라고도 부르지. 하회탈 중 유일하게 턱이 없어. 이매탈을 쓴 광대는 평민 남자가 입는 옷을 입고 나타나. 배를 툭 내밀고 우스꽝스럽게 걷는 모습이 진짜 바보 같지.

• 힘들고 한 많은 삶 - 할미탈

할미탈의 머리와 눈썹은 검은색이고 눈썹 사이가 깊이 파여 있어. 할미탈의 눈은 동그랗게 뚫려 무언가 뚫어지게 바라보는 것 같아. 또한 눈두덩은 놀란 듯 불룩하게 솟아 있지.

작은 코는 오뚝 솟아 어른으로서의 자존심을 보여 주지. 한편 콧대는 내려오면서 왼쪽으로 조금씩 기울었어. 하회탈 중 각시처럼 콧구멍이 없어. 양 볼, 눈언저리와 입가에 주름을 새겨 힘든 삶을 표현했어. 주름과 볼록 솟은 광대뼈로 늙었다는 걸 알 수 있지.

할미탈의 입은 크게 뚫려 있지만 턱은 붙었어. 벌어진 입은 말할 수

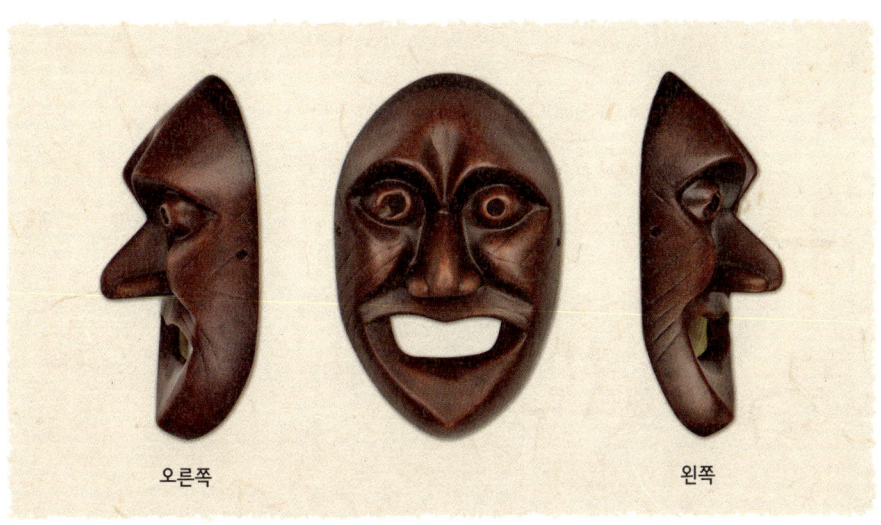

오른쪽 　　　　　　　　　왼쪽

하회탈 중 각시탈처럼 콧구멍이 없는 할미탈

있다는 의미야. 초랭이 입과 턱처럼 말이지. 당시 여자는 마음대로 말할 수 있는 처지가 아니었지만 할미는 늙었기 때문에 하고 싶은 말을 할 수 있는 거야. 하지만 입 모양은 좀 애매해. 어떻게 보면 슬프게 보이고 어떻게 보면 힘없이 웃고 있는 것처럼 보여.

할미탈은 할미 마당, 양반·선비 마당에서 볼 수 있어. 할미 광대는 흰 저고리, 회색 치마를 입고 머리에 흰 수건을 덮어쓰고 나타나지. 또한 머리에 쪽을 하고 수건을 질끈 동여맸어. 쪽은 시집간 여자가 뒤통수에 땋아서 틀어 올려 비녀를 꽂은 머리털, 또는 그렇게 틀어 올린 머리털을 말해. 할미는 한평생 궁핍하게 살아온 한을 담아 노래를 불러. 바로 베틀 타령인데 할미 목소리가 구슬퍼.

타령이 끝나고 할미가 추는 춤은 아주 재미있어. 엉덩이를 실룩거리며 이리저리 옮겨 다니는 할미의 걸음이 볼만하거든. 늙어서 허리는 굽고 엉덩이는 뒤로 쑥 뺀 모습이 꼬부랑 할머니를 제대로 표현하고 있

지. 할미 춤은 한마디로 엉덩이를 기울여 흔드는 엉덩이 춤이라고 할 수 있지.

할미탈은 전형적 미인형인 갸름한 달걀 모양이야. 부네탈과 비슷한 얼굴이지만 이마 가운데가 푹 꺼져 들어갔고 광대뼈가 우뚝 솟아 있어. 할미탈에서는 부네탈과 같은 여성미를 찾을 수 없지.

얼굴은 대체로 검붉은 색을 띠며 볼과 눈언저리, 입가에 주름이 있어. 그리고 검버섯 같은 점이 있지. 광대뼈와 눈썹을 포함한 이마는 전체적으로 오른쪽이 더 두툼해. 정수리는 위로 뾰족하게 솟았고 아래턱은 앞으로 뾰족하게 나왔지. 주걱턱에 입술이 안으로 말려들어 허기진 듯 울먹이는 표정 같기도 해. 또 이가 없는 할미의 합죽한 입 모양 같기도 하고. 할미탈을 보면 '참 힘들게 고생하며 살았구나!'라는 느낌이 저절로 들 거야.

• 애교 넘치고 아름다운 얼굴 – 부네탈

부네탈의 머리와 눈썹은 검은색이야. 머리는 위쪽으로 둥글게 감아 돌렸고, 옆머리는 귀를 덮으며 양 볼 옆으로 내려와. 머리 모양이 좀 특이하지? 좌우로 뿔처럼 뻐죽 솟아 있잖아. 이런 머리 모양은 당시 유행을 따른 거야. 올린 머리, 남바위 형태의 머리인데 몽골식 유행을 따른 거야. 고려 시대에 몽골이 우리나라를 침범해 오고 교류를 하면서

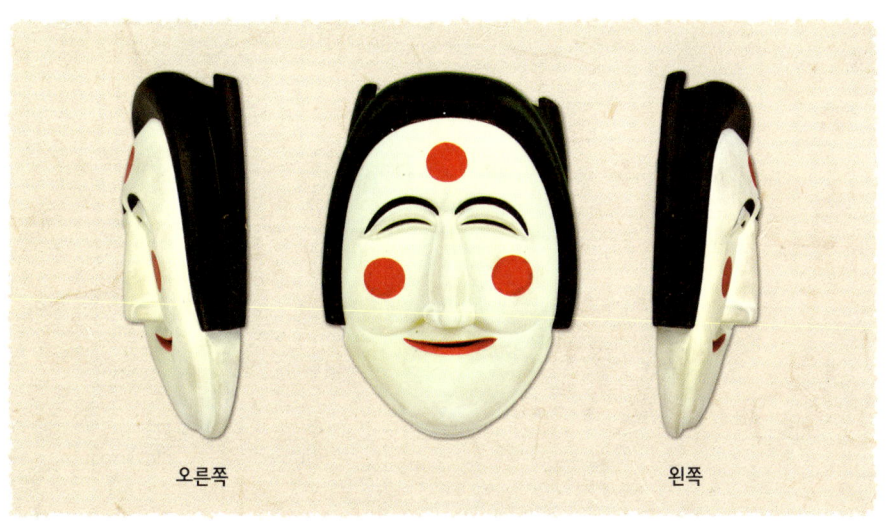

오른쪽　　　　　　　　　　　왼쪽

몽골식 머리 모양을 한 부네탈

몽골 문화의 영향을 받게 되었지.

부네탈은 파계승 마당, 양반·선비 마당에서 볼 수 있어. 부네는 일명 '과부 탈'이라고도 하며 과부, 기생 또는 양반이나 선비의 첩 등 여러 가지 신분으로 전해져 와. 부네는 젊은 부인의 옷차림으로 나타나지. 사뿐사뿐 걸으면서 말이야. 정겹게 웃는 눈과 입꼬리를 살짝 올려 미소 짓는 입, 게다가 달걀형의 얼굴까지……. 이런 얼굴을 전형적 미인형이라고 했지? 각시탈과 할미탈도 이런 얼굴형이었지.

부네가 고개를 살짝 흔들며 사뿐사뿐 움직이는 몸짓을 자세히 볼래? 부네는 생글생글 웃기만 할 뿐 아무 말도 하지 않아. 말은 하지 않지만 몸짓 연기만 봐도 부네의 매력을 충분히 느낄 수 있지.

부네탈의 코는 우뚝 솟았지만, 콧대가 왼쪽으로 조금 기울어져 있어. 날씬한 코는 여성미를 잘 나타내고 있지. 이마에는 붉은색 곤지를, 볼에는 붉은색 연지를 찍었으며 볼은 대체로 평평하고 광대뼈도 드러

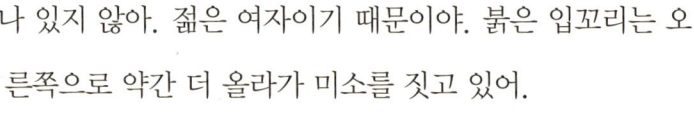

나 있지 않아. 젊은 여자이기 때문이야. 붉은 입꼬리는 오른쪽으로 약간 더 올라가 미소를 짓고 있어.

갸름한 얼굴, 반달 같은 눈썹, 오뚝한 코, 조그만 입은 부네탈을 아주 여성스럽게 만들지. 게다가 고개를 약간 숙이면 수줍은 모습도 볼 수 있어.

실제 하회 별신굿 탈놀이를 보면 부네의 춤사위와 연기는 애교가 넘쳐흘러. 실제로 중을 유혹하기도 하고 선비의 어깨를 주무르며 애교를 떨다가 다시 양반 곁으로 가서 양반 머리의 이를 잡아 주기도 해.

• **상상의 동물 - 주지탈**

주지탈에는 들짐승의 눈이 그려져 있어. 그런데 눈이 무섭다기보다는 귀엽지 않니? 코는 들짐승의 코를 그렸는데 콧구멍은 둥근 칼로 단순하게 조각한 시늉만 냈어. 주둥이는 새부리처럼 보이지만 들짐승의 입이야. 아래턱은 따로 만들어 끈으로 연결했지. 손으로 입을 열고 닫을 때마다 딱딱 소리가 난단다.

뒷면에 한지를 바르고 붉은 색 비늘무늬를 그렸어. 몸통은 물고기인 셈이지. 그리고 가장자리에 구멍을 뚫어 꿩의 털을 꽂았지. 이것은 날짐승을 뜻하는 거야.

왜 이렇게 복잡하냐고? 주지는 상상의 동물이거든.

주지탈은 주지 마당에서 볼 수 있어. 탈놀이에서 주지는 잡귀와 사

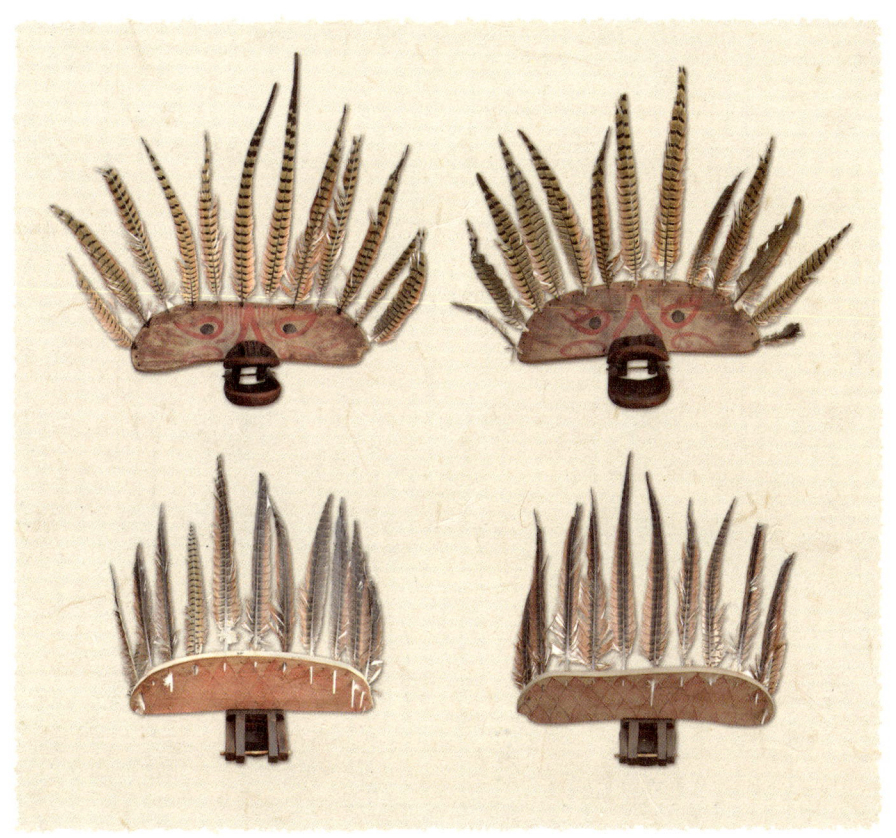

얼굴에 쓰지 않고 손으로 조작하는 주지탈

악한 것들을 쫓아내어 탈판을 깨끗하게 만들어 주는 역할을 해. 다른 탈과 달리 주지탈은 두 손으로 조작하는 탈이야. 주지 역할을 하는 광대는 옷 대신 자루 같은 포대기를 쓰고 나와. 게다가 주지는 하나가 아니라 암수 한 쌍이 등장해. 얼핏 보면 서로 비슷하게 생겼지만 말이야.

암수 구분을 어떻게 하냐고? 안타깝지만 고서에도 주지 암수 구분에 대한 이야기는 전혀 찾을 수 없었어. 옛날 선비들의 우스개 이야기를 모아 둔 〈고금소총〉에도 주지에 대한 이야기가 나오지만 생김새와 암수에 대한 말은 전혀 없거든.

하회탈의 아름다움과 우수성

하회탈은 하회 마을에서 하회 별신굿 탈놀이와 함께 내려오는 한국 최고의 문화유산이야. 고려 중기 때 만들어져서 약 800년의 역사를 이어 온 가장 오래된 연극 탈이지. 뿐만 아니라 역사적, 문화적, 미학적으로 아주 중요한 가치를 지녔어.

하회탈의 미학적 우수성은 세 가지 측면에서 볼 수 있어. 탈의 입체성, 턱의 유무, 그리고 얼굴의 좌우 균형이지. 먼저 탈의 입체성부터 살펴볼까?

하회탈은 다른 지역의 탈과 비교하면 콧대가 지나칠 정도로 높아. 게다가 광대뼈가 튀어나와 어느 한 곳도 밋밋한 곳이 없을 만큼 아주 입체적이지. 이런 입체성은 제작자가 인물의 성격을 창조하기 위해 일부러 만든 것이야.

왜냐고? 하회탈은 단순한 조각품이 아니라 연극을 위한 소품이거든. 그렇기 때문에 배우가 움직일 때마다 탈의 표정을 확실히 보여줄 필요가 있어. 그러기 위해 하회탈은 입체적 표현 방법을 사용한 거야. 그렇다고 모든 하회탈이 입체적인 것은 아니야. 부네, 각시, 이매 같은 탈은 상대적으로 표정 변화가 적기 때문에 평면적 형태로 만들었어.

이런 점을 볼 때, 800년 전 하회탈을 만든 조각가는 단순 조각가가 아닌 공연, 무대, 연출에 대한 지식까지 아우른 뛰어난 예술가임이 분명해. 좀 어려운 이야기지만 이런 조형적 특성은 입체주의 거장인 파블로 피카소(Pablo Picasso)의 작품과 비교할 수 있어. 보는 방향을 여러

곳으로 하여 대상(사물)을 입체화한 방법은 하회탈과 피카소의 작품이 비슷해.

하지만 관찰했던 대상의 첫 모습과 표현한 결과를 비교하면 하회탈과 피카소의 작품은 큰 차이가 있어. 피카소의 작품은 관찰(표현) 대상이 조각조각으로 깨져 원래의 모습을 찾을 수 없지.

하지만 하회탈은 달라. 탈의 부분마다 관찰 대상의 원래 모습이 조각 곳곳에 나타나 있거든. 오른쪽은 화난 모습, 왼쪽은 웃는 모습이 하나의 탈에 담긴 것처럼 말이지. 어때? 오래전 만든 하회탈이 피카소 작품보다 더 멋있어 보이지 않아?

두 번째는 '턱'이야. 하회탈은 턱을 기준으로 탈을 구분할 수 있지. 턱이 떨어진 탈, 턱이 붙은 탈, 턱이 없는 탈 말이야. 턱이 있지만 얼굴과 떨어진 탈은 양반, 선비, 중, 백정의 탈이지. 턱이 떨어졌기 때문에 입이 자유롭게 움직여. 고개를 뒤로 젖히면 웃는 것처럼 입이 크게 열리고 앞으로 숙이면 화난 것처럼 입이 다물어지지. 이런 탈들은 탈놀이 중 대사도 많은 편이야.

다시 말해 고려 시대에 양반, 선비, 중, 백정은 낮은 신분이 아니잖아? 그래서 자유롭게 말할 수 있었고 그런 신분을 고스란히 탈 모양에 담은 거야. 턱을 떨어뜨리고 입을 자유롭게 만들면서 말이지.

반대로 턱이 붙은 탈은 부네, 각시, 할미 같은 여성이거나 초랭이 같은 아랫사람들이야. 이들 모두 고통 받는 신분이기 때문에 하고 싶은 말을 제대로 할 수 없었거든.

이렇게 '하회탈 턱의 유무'는 '신분에 따른 말할 수 있는 자유'와 신기하게도 맞아 떨어져. 그렇다면 턱이 없는 이매탈은 어떻게 봐야 할까?

이매는 어눌하고 익살스러운 투로 말하잖아. 하지만 바보이기 때문에 무슨 말을 하든 귀담아들을 만한 말은 없어. 그래서 입과 턱이 없는 거야. 그런데 턱 없는 이매탈과 광대의 움직이는 입이 합쳐지면 놀라운 변화가 생겨. 불완전한 탈이 살아 있는 탈로 변하는 거지. 불완전한 탈과 사람의 턱이 합쳐져 완전한 탈보다 더 완벽하게 살아 있는 표정을 만들어 내거든. 어떻게 이런 표정을 만들었는지 놀라울 따름이야.

턱이 없는 이매탈

세 번째 특징은 '얼굴의 좌우 균형'이야. 이것 역시 좌우 균형이 심하게 맞지 않는 것에서 거의 차이가 없는 것까지 다양해. 코를 중심으로 좌우를 접었을 때 가장 차이가 큰 탈은 이매탈이야. 반대로 부네탈은 좌우가 거의 맞아 떨어져. 이매탈은 바보 모습을 담다 보니 서로 맞지 않아야 정상이잖아. 반대로 부네탈은 눈 코 입이 반듯한 미인을 그려야 했기 때문에 균형 잡힌 얼굴이 된 거지.

좌우 균형이 잘 맞는 부네탈

하회탈은 부분적으로 살펴봐도 좌우 균형이 잘 맞지 않아. 눈의 크기와 모양, 눈꼬리의 방향, 코와 입 모양, 눈썹과 턱선 등 세세한 부분까지도 좌우 균형이 맞지 않거든. 심지어 좌우 측면의 두께조차 다른 탈도 있어.

하지만 일부러 그렇게 만든 거야. 하회탈은 이런 '좌우 균형'과 '좌우 불균형'을 통해 다양한 표정을 만들어 내거든. 좌우가 똑같으면 항상 같은 표정이잖아. 하지만 하회탈은 달라. 방향에 따라 표정이 바뀌니까.

이런 점에서 볼 때 하회탈은 한국 최고의 문화유산을 넘어 세계에서 가장 우수한 예술품이라고 할 수 있어. 이렇게 살펴보니 하회탈이 얼마나 훌륭한 우리의 문화유산인지 알겠지?

2장 신명 나는 하회 별신굿 탈놀이

하회 별신굿 탈놀이에서 광대는 하회탈을 쓰고 춤을 추거나 연기를 하지. 공연할 때 광대는 안동 사투리로 말을 해. '했니껴?', '그랬니껴?' 이런 말투야. 빨리 말하면 못 알아들을 수도 있어. 그래서 놓치기 아까운 재미난 대사를 적어 두었어. 책을 보고 하회 별신굿 탈놀이를 보면 공연을 더 즐길 수 있을 거야.

하회 별신굿 탈놀이란?

중요 무형 문화재로 지정된 하회 별신굿 탈놀이

하회 별신굿 탈놀이는 하회 마을 사람들이 벌였던 별난 굿 또는 특별하게 큰 굿을 말해. 여기서 '별신'은 '별나다', '특별하다'는 뜻이거든. 이 굿은 '10년'에 한 번 혹은 '신탁'이 있을 때 열렸어. 신탁은 바로 '신의 계시'를 말하는 거야.

하회 별신굿 탈놀이는 정월(음력 1월) 대보름날에 열렸어. 옛날 사람들은 새로운 한 해가 시작되는 정월(正月)을 가장 신성한 달이라고 여겼거든. 게다가 정월에 뜨는 보름달이 가장 깨끗하고 신비스럽다고 믿었지.

하회 별신굿 탈놀이는 1980년 중요 무형 문화재 제69호로 지정하여 보존되고 있어. 그 덕분에 우리는 마음만 먹으면 특별한 하회 별신굿 탈놀이를 매주 볼 수 있어. 그것도 공짜로 말이지.

하회 별신굿 탈놀이의 구성

하회 별신굿 탈놀이는 총 10마당으로 이뤄져 있어. 마당은 판소리나 탈놀이에서 단락을 세는 단위야. 1막 2장 이런 말을 들어 봤지? 연극과 달리 판소리나 탈놀이는 '막' 대신 '마당'이라는 말을 쓰거든.

하지만 하회 별신굿 탈놀이를 몇 마당으로 나누기에는 어려운 점이 있어. 하회 별신굿 탈놀이는 굿과 탈놀이가 합쳐진 형태라 볼 수 있거든. 굿으로 본다면 하회 별신굿 탈놀이는 10마당이 아닌 6마당으로 봐야 해. 강신, 당제, 혼례, 신방은 마당이 아닌 의례로 봐야 맞거든.

반대로 하회 별신굿 탈놀이를 굿이 아닌 연극으로 보면 10마당이 돼. 이 책에서는 10마당으로 설명할 거야. 하회 별신굿 보존회에서 하회 별신굿 탈놀이를 10마당으로 구분해 놓았거든.

하회 별신굿 탈놀이는 굿의 한 종류로 볼 수 있어. 일반적인 굿과 큰 차이가 없지. 보통 굿은 크게 세 과정으로 나눌 수 있어.

신 내림을 받는 강신(降神), 즉 신을 부르는 과정이야. 신이 내려와야 굿을 할 수 있잖아. 다음은 신을 즐겁게 해 드리는 오신(娛神)이야. 불

러낸 신을 기쁘게 하는 과정이지. 그래야 신에게 원하는 것을 얻어 낼 수 있거든. 마지막으로 신을 다시 본래 자리로 돌려보내는 송신(送神). 우리 집에 놀러 온 손님을 배웅해 드리는 것처럼 신에게도 예의를 갖춰야 하니까. 일반적인 굿처럼 하회 별신굿 탈놀이도 세 과정으로 나눌 수 있어.

강신: 강신(降神)
오신: 무동(舞童) 마당, 주지 마당, 백정 마당, 할미 마당, 파계승 마당, 양반·선비 마당
송신: 당제(堂祭), 혼례 마당, 신방 마당

하회 별신굿 탈놀이는 '오신'만 공연해. '오신'은 신을 즐겁게 해 드리는 과정이라고 했잖아. 사실 여기가 가장 재미있거든. 재미없으면 사람이나 신이 보지 않아. 그래서 평상시 열리는 하회 별신굿 탈놀이 공연에서는 '강신'과 '송신'의 내용을 볼 수 없어.

풍자와 해학이 가득한 놀이

하회 별신굿 탈놀이를 보면 공연에 등장하는 광대마다 춤과 걸음걸이가 독특하고 재미있어. 등장인물들의 특징을 잘 말해 주는 문장들이 있는데 한번 살펴볼까?

주지 놀음하듯 하다
사뿐사뿐 각시 걸음
능청맞다 중의 걸음
팔자걸음 양반 걸음
황새걸음 선비 걸음
방정맞다 초랭이 걸음
비틀비틀 이매 걸음
맵시 있다 부네 걸음
심술궂다 백정 걸음
엉덩이 춤추는 할미 걸음

　광대의 춤도 개성이 넘치지만 광대의 이야기 또한 신나고 재미있어. 아이들 말장난 같은 대사, 각운으로 끝나는 글자 놀이, 관객을 끌어들여 같이 놀며 내뱉는 즉흥적 대사 등이 있지. 각운이란 시에서 구나 행 끝에 규칙적으로 비슷한 소리의 글자를 다는 일. 또는 소리가 비슷한 글자를 말하는 거야. 공연을 보는 관객들은 광대의 대사 한 마디에 까르르 넘어가지.

　하지만 이런 대화들은 그냥 웃고 넘길 이야기가 아니야. 대사 속에 당시의 풍자와 해학이 숨어 있거든. 그 당시가 언제냐고? 고려 시대? 아니 조선 시대? 좀 헷갈리지?

　하회 별신굿 탈놀이 내용을 살펴보면 시대가 정확하지 않아. 분명 탈은 고려 시대라고 했는데 이야기를 살펴보면 곳곳마다 조선 시대 흔적이 보이기 때문이야. 그래서 조금 알쏭달쏭해.

하회 별신굿 탈놀이는 세월이 지나며 줄거리도 조금씩 바뀐 것 같아. 탈놀이에 사회 풍자와 해학을 담다 보니 그 시대 모습을 담아야 했거든. 게다가 여러 사람의 입으로 전해 내려오다 보니 줄거리가 바뀌는 건 당연한 일 아니겠어?

그럼 풍자와 해학이 뭔지 간단하게 설명하고 넘어갈게.

풍자(諷刺)는 사회 문제나 모순 따위를 다른 것에 빗대어 비웃고 까발리면서 공격하는 말이나 글을 말해. 해학(諧謔)은 웃기지만 품위가 담긴 말이나 행동이야.

하회 별신굿 탈놀이에는 어떤 풍자와 해학이 담겨져 있는지 한번 살펴볼까?

바로 지배 계층의 허세(양반, 선비), 종교의 타락(중), 차별 받는 백성(여성, 하인)의 삶 같은 현실적인 불만을 풍자와 해학으로 표현했어. 하회 별신굿 탈놀이를 보면 양반과 선비가 초랭이에게 당하는 장면이 나오잖아. 사람들은 이런 통쾌한 장면을 보면서 답답하게 억눌렸던 응어리를 풀어낸 거라고. 요즘 텔레비전에 나오는 시사 풍자 개그와 비슷한 거야. 어른들도 이런 방송 프로그램을 보면서 웃잖아. 옛날에는 이런 탈놀이가 시사 풍자 개그를 대신한 셈이지.

이처럼 하회 별신굿 탈놀이와 하회탈은 '탈 많은 세상'을 향해 무언의 메시지를 던져서 사람들의 가슴속에 쌓인 응어리를 웃음으로 풀어냈지. 그렇게 보면 예나 지금이나 사람 사는 세상은 크게 달라진 게 없는 것 같아.

하회 별신굿 탈놀이 10마당

이제부터 하회 별신굿 탈놀이 10마당 내용을 하나씩 살펴볼 거야. 일반적으로 볼 수 있는 공연은 6개 마당 즉 무동(舞童) 마당, 주지 마당, 백정 마당, 할미 마당, 파계승 마당, 양반·선비 마당이야. 혹시 10마당 전부를 보고 싶다면 1년에 딱 한 번 있는 하회 별신굿 보존회 정기 발표회를 봐야 해.

• 강신

'강신'은 굿 시작을 위한 신 내림 과정, 즉 신을 부르는 행위야. 강신은 하회 마을과 병산서원 사이에 우뚝 솟은 화산(花山) 중턱에 있는 서낭당에서 치르지. 서낭당은 서낭신을 모시고 있는 집을 말하는데 여기서 서낭신은 바로 허 도령 전설에 나오는 김 씨 처녀야. 앞에서 말했지

하회 마을 화산 중턱에 있는 서낭당

만 각시탈이 서낭신 역할을 맡고 있어.

섣달 그믐날 굿할 때나 경문을 읽을 때 내림대(무당이 신을 내리게 하는 데 필요한 긴 나무)를 든 산주(제사(祭祀)를 주관하는 사람)와 서낭당에 세워 신이 내리기를 비는 서낭대를 멘 대광대(大廣大), 제관(祭官)(소리를 잘하는 광대의 우두머리)과 단체의 사무 일을 맡아보는 유사(有司) 그리고 나머지 모든 광대가 풍물을 울리며 서낭당으로 올라가.

별신굿에 사용되는 내림대와 당방울을 단 서낭대

이곳에 도착하면 서낭대를 당집(서낭당)에 세워. 산주는 내림대를 들고 당집 안으로 들어가 신을 부르는 주문을 외우지. 내림대에 매단 당방울이 딸랑딸랑 울리면 신이 찾아온 거래. 진짜 방울이 울릴까?

산주와 모든 광대는 두 번씩 절을 올려. 산주는 당방울을 내림대에서 서낭대로 옮겨 달아야 해. 이때부터 서낭대는 나무토막이 아닌 서낭신의 살아 있는 몸으로 변하는 거야.

"짜잔! 변신! 이제 이것은 나무 막대가 아닌 서낭신의 몸이야." 하면서 서낭신이 서낭대 속으로 들어가는 거야. '강신'이 끝나면 광대들은

탈을 나눠 쓰고 산에서 내려갈 준비를 해. 서낭대를 앞세우고 서낭신으로 받드는 각시 광대를 놀이꾼 어깨에 태우는 거지.

강신이 끝나고 탈을 쓰는 광대들

• 무동 마당

탈을 쓴 광대들은 각시 광대를 맨 앞에 세우고 풍물을 치며 산에서 내려와. 풍물은 꽹과리, 태평소, 장구, 북 등을 말한단다.

무동 마당은 산에서 마을로 내려오는 과정을 말해. 화산 중턱에서 하회 마을 입구까지는 그렇게 멀지 않아. 이때 각시 광대는 놀이꾼의

놀이꾼의 어깨를 타고 산에서 내려오는 각시

신명 나는 하회 별신굿 탈놀이

마을 수호신인 각시를 맞이하는 사람들

어깨를 타고 산을 내려와. 각시 광대는 성황신(서낭신의 원말)의 현신(顯神), 즉 살아 있는 신이 몸으로 들어온 상태이기 때문에 땅을 밟으면 안 되거든.

산에서 내려온 광대들은 마을 곳곳을 돌아다니지. 이때 마을 사람들은 미리 준비한 옷가지를 서낭대에 걸고, 돈을 내놓으며 소원을 빌어. 이때부터 정월 대보름날까지 광대들은 지신밟기와 탈놀이를 하며 마을 곳곳을 돌아다니지. 광대들의 이런 행동을 걸립(乞粒)이라고 불러.

지신 밟기는 음력 정월 대보름날에 영남에서 행해져 온 민속놀이의 하나야. 마을 사람들이 농악대를 앞세우고 집집마다 돌며 땅을 다스리는 신령을 달래어 일년 내내 아무 일 없기를 빌고, 집주인은 음식이나 곡식, 돈으로 이들을 대접하는 거지.

각시 광대가 마을로 들어오는 것은 마을 수호신을 맞이하는 의식이야. 사람들은 마을에 평화가 찾아오고 풍년이 되기를 바라면서 옷가지를 서낭대에 걸고 각시의 걸립에 기꺼이 답하는 거야.

이런 걸립은 실제 공연 중에도 자주 볼 수 있어. 할미 마당에서 할미는 실룩실룩 걸으며 관중에게 다가가거든. 할미가 굽실거리면 사람들은 서슴없이 지갑을 열고 쪽박에 돈을 넣어 줘. 이렇게 베푸는 행위는 세상을 더 풍요롭게 만들자는 의미가 탈놀이에 들어 있기 때문이지.

• 주지 마당

주지는 무서운 상상(想像)의 동물이야. 암수 한 쌍의 주지가 삼베 포대기를 뒤집어쓰고 나타나 마주 보며 격렬하게 춤을 추지.

주지가 서로 어울려 격렬한 춤을 추는 까닭이 뭘까?

바로 잡귀와 나쁜 것을 쫓아내기 위해서야. 탈춤이 벌어지는 마당을 깨끗하고 신성하게 만들어야 하거든. 일반적인 굿과 마찬가지로 '주지 마당'은 일종의 나쁜 것을 없애는 부정 씻기 행위야. 다른 굿에서도 이런 부정 씻기 행위를 볼 수 있어.

한 쌍의 주지가 격렬하게 싸우는 척하다 수컷이 먼저 쓰러져. 이 싸움에서 암컷이 이겼다는 뜻이야. 여기에도 이유가 있어. 굿의 목적 중 하나가 다산과 풍년을 바라기 때문이야.

주지는 대사가 없지만 격렬한 춤동작만큼은 꽤 볼만해. 게다가 중간에 불쑥 뛰어 들어오는 초랭이 몸짓은 항상 웃음을 자아내지.

서로 마주보고 격렬하게 춤추는 암수 한 쌍의 주지

• 백정 마당

굿거리장단에 맞춰 백정이 나타나. 굿거리장단은 보통 빠르기 장단을 말해. 구성지고 흥겨운 느낌을 주는 장단이지. 덩덕쿵 더러러러 쿵기덕 쿵덕. 음악 시간에 한 번쯤 들어 봤을 거야.

백정은 한 손에 짚으로 엮어 만든 바구니 오쟁이를 들고 있어. 오쟁이 속에는 도끼와 칼이 들어 있지. 백정은 한 손에 도끼를 꺼내 들고 껄껄 웃으며 포악한 춤을 춰.

도끼와 오쟁이를 든 백정과 독특하여 보는 재미가 있는 백정의 걸음

조금 뒤, 소 한 마리가 어슬렁어슬렁 나타나. 소는 관객에게 오줌을 찍찍 싸 대며 마당을 돌아다니지.

소를 발견한 백정은 조금 놀란 표정을 지으며 이렇게 말해.

"저놈의 소 새끼, 여기에 있었구나. 저놈을 잡아다가 여기서 큰 잔치나 벌여야 되겠다."

백정이 소를 살피는 사이 소가 백정을 들이받는 거야. 백정은 한쪽으로 나뒹굴다 일어나 오쟁이에서 도끼를 꺼내 들지.

백정은 도끼를 허리춤에 감추고 소에게 슬쩍 다가가. 그러고는 거침없는 몸짓으로 도끼를 이용해 소를 잡아. 소가 쿵 하고 넘어지지. 소가 다리를 부들부들 떨다가 죽으면 백정은 소의 배를 가르고 염통과 우랑(소 불알)을 떼어 내지.

백정은 신이 나서 덩실덩실 춤을 추며 염통과 우랑을 구경꾼에게 팔기 위해 돌아다니며 외치지.

칼과 도끼로 소를 잡은 백정이 우랑을 꺼내 든 모습

"보소, 샌님들! 염통 사소, 염통요."

덩덕쿵덕 쿵덕쿵덕. 빠른 자진모리장단에 맞춰 백정은 칼과 도끼를 휘두르며 자유롭게 춤을 추다가 사라져 버려.

신명 나는 하회 별신굿 탈놀이 69

• **할미 마당**

굿거리장단에 맞춰 하얀 머릿수건을 덮어쓴 할미가 엉덩이를 좌우로 흔들며 나타나.

마당 한쪽에는 베틀이 준비돼 있어. 쪽박을 허리에 찬 할미는 베 짜는 시늉을 하면서 베틀가를 부르는데 목소리가 넋두리하듯 정말 슬퍼.

엉덩이를 실룩실룩 흔들며 나타난 뒤 베틀에 앉아 노래하는 할미

베틀가는 시집간 지 사흘 만에 과부가 되어 겪는 슬픈 이야기야. 중중모리장단에 맞춰 할미는 베틀가를 부르지. 중중모리장단은 '덩 덕쿵 덕쿵 덕쿵 덕' 하며 조금 빠른 편이야.

춘아춘아~ 옥단춘아
성황당의 신령님네
시단춘이 춘일런가~
시집간 지~ 사흘 만에 (이후 생략)

베틀가가 끝나면 밖에 있던 광대 한 사람이 영감 노릇을 하며 할미

노래가 끝나고 쪽박을 들고 다니며 관객에게 구걸하는 할미

에게 말을 걸어.

"어제 사다 준 청어 한 두름(물고기를 짚으로 한 줄에 열 마리씩 두 줄로 엮은 것.) 다 어쨌냐?"

"당신 한 마리 먹고 내 아홉 마리 먹고, 그렇게 다 먹지 않았느냐."

이 대화에서 할미의 고얀 성격이 그대로 드러나지.

대화가 끝나면 자진모리장단이 흘러. 할미는 엉덩이를 털며 일어나 차고 있던 쪽박을 들고 사람들에게 구걸하다가 퇴장하지.

• 파계승 마당

굿거리장단이 흐르면 부네가 고운 자태를 뽐내며 나타나. 매혹적인 오금춤을 추며 사뿐사뿐 걷던 부네가 갑자기 주위를 살피지. 오금춤이 뭐냐고? 부네가 추는 춤을 그냥 '오금춤'이라고 불러.

아름다운 부네를 쫓아다니는 타락한 중이 등장하는 파계승 마당

그러다가 부네는 치마를 살짝 들고 오줌을 눠. 이 장면을 중이 엿보지. 부네가 사라지면 중은 키득키득 웃음을 참지 못하며 아주 좋아하는 거야. 중은 주변을 요리조리 살피다가 부네가 있던 자리로 가서 오줌 냄새를 맡으며 기뻐해. 중의 행동이 좀 이상하지? 타락한 중의 모습을 만들려면 이런 과장된 장면도 필요한 거야. 바로 '파계승 마당'이니까 말이야.

중은 부네를 쫓아가고 싶지만 자신이 승려라는 것을 깨달았는지 양 손으로 합장하며 염불을 외워.

"나무아미타불 관세음보살. 에라 모르겠다. 중이고 뭐고 다 때려치우고 저기 있는 각시하고 춤이나 추고 놀아야겠다."

갈등하던 중은 쓰고 있던 모자(송낙)를 던져 버리고 부네를 쫓아가. 그리고는 부네에게 춤추며 같이 놀자고 하지.

"여보 각시, 나도 사람인데 우리 춤이나 추고 놀아 보시더."

부네는 시큰둥하며 거절해 버려. 사실 늙은 중이 뭐가 좋겠어?

중이 달려들지만 부네가 몸을 슬쩍 피해. 하지만 자진모리장단이 흐르면 중과 부네는 함께 춤추며 놀아.

이윽고 가락에 맞춰 방정맞은 춤을 추며 초랭이가 나타나. 초랭이는 두 사람을 손짓하며 놀리지. 당황한 중은 부네를 업고 우왕좌왕하다가 결국 도망쳐. 그러면 초랭이가 혼잣말을 하며 돌아다니지.

"이매야, 중놈도 춤추고 노는 세상인데 우리도 춤추고 놀아 보자."

이 말에 이매가 바보 춤을 추며 나타나. 초랭이는 방금 본 것을 이매에게 말해 줘. 중과 부네가 춤추며 놀다가 도망친 이야기 말이야. 이야기가 끝나면 이매와 초랭이가 춤추며 놀아.

초랭이가 사라져도 이매는 혼자 신나게 춤을 춰. 그러다가 풍물 소리가 뚝 멈춰 버리는 거야. 이매가 초랭이를 찾지만 아무리 살펴도 없잖아. 이매는 관중들을 불러내 이야기를 주고받으며 함께 흥겹게 춤추

바보 춤을 추며 나타난 이매와 그 모습을 바라보는 초랭이

며 놀아. 조금 뒤, 사라진 초랭이가 나타나 이매를 야단쳐. 초랭이는 큰 소리로 양반을 부르며 다시 사라져.

• 양반·선비 마당

굿거리장단에 맞춰 양반은 초랭이, 선비는 부네를 데리고 함께 나타나. 양반과 선비가 서로 인사할 때 초랭이가 갑자기 끼어들어 양반 머리에 엉덩이를 들이대는 거야.

선비가 초랭이의 버릇없는 행동을 야단치자 양반이 발끈하며 말싸움이 시작되지.

양반은 초랭이를, 선비는 부네를 데리고 등장하는 양반·선비 마당

양반: "나는 사대부의 자손일세."

선비: "아니 뭐라꼬, 사대부? 나는 팔대부의 자손일세."

양반: "아니, 팔대부? 그래, 팔대부는 뭐로?"

선비: "팔대부는 사대부의 갑절이지."

양반: "뭐가 어째, 어흠, 우리 할뱀(할아버지)은 문하시중(고려시대 최고 관직)을 지내셨거든."

선비: "아, 문하시중. 그까지 꺼. 우리 할뱀은 바로 문상시대인걸."

양반: "아니 뭐, 문상시대? 그건 또 뭐로?"

선비: "에헴, 문하보다는 문상이 높고 시중보다는 시대가 더 크다 이 말일세."

양반: "허허, 그것 참 빌 꼬라지 다 보겠네. 그래, 지체만 높으면 제일인가?"

사대부의 곱절이 팔대부라는 말에 관객은 웃음을 빵 터뜨리지. 앞뒤가 전혀 맞지 않는 장난 같은 말로 선비가 먼저 승리하는 거야.

여유롭게 부채를 들고 웃고 있는 양반과 담뱃대를 들고 잘난 척하는 선비

다음은 학식 다툼이야.

양반: "학식이 있어야지, 학식이. 나는 사서삼경을 다 읽었다네."
선비: "뭐 그까짓 사서삼경 가지고. 나는 팔서육경을 다 읽었네."
양반: "아니, 뭐? 팔서육경? 도대체 팔서는 어디에 있으며 대관절 육경은 또 뭔가?"
(초랭이가 두 사람의 이야기를 귀담아듣다가 잽싸게 끼어든다.)
초랭이: "헤헤헤, 난도 아는 육경 그것도 모르니껴. 팔만 대장경, 중의 바라경, 봉사의 앤경(안경), 약국의 길경, 처녀의 월경, 머슴의 새경(머슴이 주인에게서 일한 대가로 받는 돈) 말이시더."
(북치는 고수는 육경 한 소절마다 북을 친다. 초랭이는 '머슴의 새경'을 더욱 강조하여 자신의 새경에 못마땅함을 보인다.)
선비: "그래, 초랭이도 아는 육경을 양반이라카는 자네가 모른단 말인가?"

사서삼경은 유교의 기본 경전이야. 사서는 《대학(大學)》, 《논어(論語)》, 《맹자(孟子)》, 《중용(中庸)》을 말하며, 삼경은 《시경(詩經)》, 《서경(書經)》, 《주역(周易)》을 말하지. 이번에는 선비가 말도 안 되는 '팔서육경'을 꺼낸 탓에 양반이 승리해.

결국 양반과 선비의 싸움은 1승 1패 무승부로 끝나 버려. 선비가 좀 무식한 것 같지 않아? 있지도 않은 팔서육경을 말하면서 말싸움을 하고 있으니 말이야.

선비와 양반, 부네가 어울려 춤추고 난 뒤 백정이 파는 우랑 때문에 선비와 양반이 싸우자 야단치기 위해 나타난 할미

 말싸움이 끝나면 자진모리장단에 맞춰 부네가 나타나. 세 사람이 어울려 신명 나는 춤을 추는데 할미가 슬쩍 나타나는 거야. 할미는 선비한테 먼저 붙었다가 다음에 양반에게 다가가지만, 그 자리에서 쫓겨나고 말아. 결국 할미는 초랭이에게 붙어 춤추며 어울리지.
 풍물 소리가 끝나면 백정이 나타나 우랑을 팔아.
 "꼴들 참 좋다, 좋아. 샌님 알 사소, 알."
 양반과 선비는 우랑을 서로 차지하려고 다툼을 벌여. 그때 할미가 나타나 야단치고 조금 뒤 자진모리장단이 흐르면 모든 광대가 나와 함께 춤추며 어울려. 그렇게 탈춤 공연은 끝나지.

신명 나는 하회 별신굿 탈놀이

• 당제

정월(正月) 대보름날 아침, 서낭당에 올라가 마을신에게 올리는 제사를 당제라고 해. 별신굿의 시작인 강신(降神)과 마찬가지로 산주, 제관, 유사, 광대들이 제사에 참석하지.

강신이 별신굿을 하기 위해 신 내림을 받는 첫 의례였다면 당제는 별신굿을 마무리하는 의례야. 강신으로 불러낸 신들을 다시 돌려보내야 하거든.

당제가 시작되면 서낭대를 서낭당에 기대어 세워. 사람들은 정성껏 마련한 제물을 바치고 잔을 올리며 두 번 절하지. 마을의 평화와 풍년을 바라는 축문(祝文)을 읽고 소망이 담긴 종이를 태워서 날려.

서낭당에서 마을신에게 제사를 지내는 모습

제사가 끝나면 광대들은 풍물을 치며 놀아. 해 질 무렵, 서낭대에 매단 방울을 풀고 광대들은 그동안 사용했던 탈을 모아 짚으로 엮어 만든 가마니에 넣고 산에서 내려오지. 하지만 양반, 각시, 선비 광대는 내려오지 않고 혼례와 신방 마당을 준비해야 해.

• 혼례 마당

혼례 마당은 하회탈 별신굿 탈놀이를 모두 마치는 정월 대보름날 저녁에 열려. 혼례라는 말뜻처럼 서낭신인 각시와 하회탈을 만들었다는 허 도령을 혼인시키는 과정이야. 혼례 마당은 서낭신의 한을 달래는 동시에 풍년을 기원하는 뜻도 담겨 있어. 날이 어두워지면 마을 입구에 자리와 멍석을 깔고 간단하게 혼례를 치러. 양반 광대가 사회를 맡지.

"신랑 입장. 신부 입장."

서낭신의 혼을 달래고 풍년을 기원하는 혼례 마당

각시 광대가 신부를 맡고 선비 광대가 신랑 역할을 해. 신랑과 신부가 있어야 혼례를 치를 수 있잖아.

쑥스러운 듯 나란히 앉은 각시와 양반

• 신방 마당

신방 마당은 밤 열한 시부터 새벽 한 시 사이를 말하는 삼경에 치러져. 요즘과 달리 옛날에는 이런 식으로 시간을 표시했거든.

혼례가 끝나면 신방(新房)을 차리고 결혼 의식을 진행하지. 이것은 처녀 몸으로 죽은 서낭신을 혼인시키는 신성혼이야. 신성혼은 죽은 사람의 영혼끼리 결혼하는 의식을 말해.

3장 다양한 하회탈 만들기

지금까지 하회탈과 하회 별신굿 탈놀이에 대해 알아보았어.
이제 직접 하회탈을 쓰고 탈놀이를 하고 싶지 않니?
탈놀이를 하려면 우선 탈이 있어야 해.
여러 가지 방법으로 하회탈을 만들 수 있단다.
클레이와 종이 탈을 사용하면 하회탈뿐
아니라 상상하는 모든 탈을 만들 수 있어.
못 믿겠다고? 일단 내 말을 믿고 따라 해 봐.

나만의 하회탈 만들기 - 종이탈

펄프로 만든 종이탈을 이용해 하회탈을 만들어 보자. 펄프는 목재나 식물에서 얻어 낸 섬유의 일종이야. 이 탈의 특징은 다양한 부재료를 사용해서 개성 있는 나만의 탈을 만들 수 있다는 거야. 물감, 클레이, 한지 등 다양한 재료를 사용해서 탈이 어떻게 만들어지는지 보여 줄게.

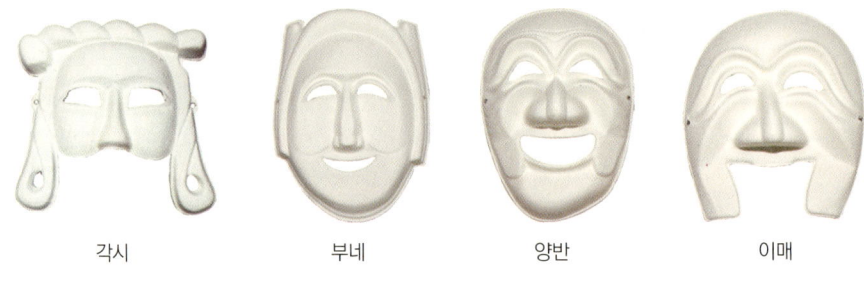

각시 부네 양반 이매

특히 클레이를 사용하면 창의적 조형 활동에 많은 도움이 될 거야. 인조 클레이는 점토와 달리 손에 잘 붙지 않아 사용하기 쉬워. 또한 기본 5색(빨강, 노랑, 파랑, 검정, 흰색)을 섞어 여러 가지 색을 만들 수 있다는 장점이 있어. 빨강과 파랑을 섞으면 보라색이 되고, 빨강과 노랑을 섞으면 주황색이 되지. 이런 식으로 기본색을 섞어 다양한 색을 만들 수 있어. 그리고 탈 얼굴을 원하는 대로 바꿀 수 있어. 길쭉하게 뚫린 탈의

눈을 클레이로 막아 동그랗게 만들 수 있어. 낮은 코도 높이 세울 수 있지. 턱 없는 이매탈에 턱을 만들어 줄 수도 있어. 그뿐만 아니라 수염, 안경 등 어떤 모양이든 다양한 형태로 만들 수 있지.

클레이를 사용하면 또 다른 재료를 같이 사용할 수 있어. 한쪽에는 한지를 붙이고 다른 쪽에는 클레이를 사용해도 돼. 아니면 한지 위에 클레이를 붙일 수도 있어. 플레이콘(옥수수 전분으로 만든 동그란 놀이 재료로 물을 발라 붙인다.), 반짝이 가루, 작은 캐릭터 모형 등도 클레이 위에 붙일 수 있지.

폼 클레이로 양반탈 만들기

준비물: 양반 종이탈, 폼 클레이, 고무줄

탈 만들기는 상상력과 창의력을 키워 주는 재미있는 미술 놀이야. 조형 미술 재료인 폼 클레이를 사용해서 양반탈을 한번 만들어 보자.

🎨 만들기 순서

① 먼저 탈을 보면서 어떻게 만들까 생각해 봐야 해. 사진에 나오는 양반탈과 똑같이 만들 필요는 없어. 나만의 개성이 들어 있는 양반탈을 상상해 봐. 아이디어가 떠올랐다면 이제부터 시작이야. 다섯 가지 색의 폼 클레이를 섞어 원하는 색을 만들어.

② 원하는 색을 만들었으면 폼 클레이를 탈에 붙여야 해. 폼 클레이를 손바닥으로 비비면 줄처럼 길어질 거야. 그런 다음 손으로 꾹꾹 눌러 얇고 넓게 펴도록 해. 이제 폼 클레이를 탈에 붙여 봐. 얇은 폼 클레이가 골고루 퍼지면서 예쁘게 붙여질걸. 이렇게 하면 클레이를 아낄 수도 있어. 넓은 곳에 붙이다 보면 클레이가 부족할 수도 있거든.

③ 폼 클레이를 다 붙이고 나면 굳을 때까지 기다려야 해. 30분 정도 시간이 걸리는데 그때까지 탈을 만지면 안 돼. 덜 굳은 폼 클레이는 떨어지거나 모양이 바뀔 수 있거든. 참! 주의할 점이 한 가지 더 있어. 폼 클레이에 물이 닿으면 색상이 변할 수 있으니까 물이 닿지 않도록 조심해야 해.

④ 완전히 마르고 나면 탈 양쪽에 뚫린 구멍으로 고무줄을 끼워야

해. 탈을 머리에 써 보고 고무줄 길이를 조정하면 완성! 남은 폼 클레이는 공기가 통하지 않도록 밀봉해서 서늘한 곳에 보관해야 해. 공기가 들어가면 딱딱하게 굳어 다시 쓸 수가 없거든.

폼 클레이로 만든 다양한 양반탈들

🎭 색종이와 색볼로 부네탈 만들기

이번에는 부네탈을 만들어 볼 거야. 색볼, 한지, 색종이를 사용해서 부네탈을 예쁘게 만들어 보자.

✂️ 준비물: 부네 종이탈, 색종이, 색볼, 한지, 가위, 풀, 매직(검정, 빨강), 고무줄

🎨 만들기 순서

① 먼저 탈을 보며 어떻게 만들까 생각해야 해. 부네탈을 원하는 형태로 만들기 위해 필요 없는 부분은 가위로 오려 내. 종이탈 겉면에 풀을 바르고 알록달록 한지를 붙여 봐. 한지가 너무 얇으면 색볼을 달았을 때 밑으로 처질 수도 있어. 그러니까 조금 두툼한 한지를 종이탈에 붙이는 게 좋아.

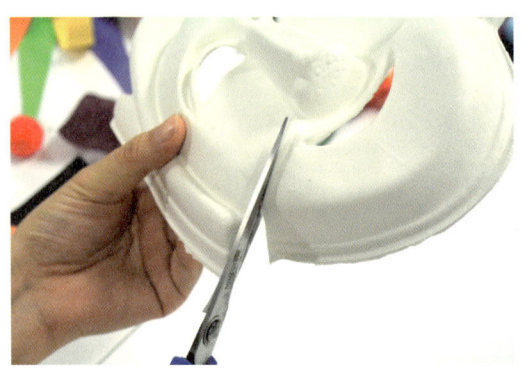
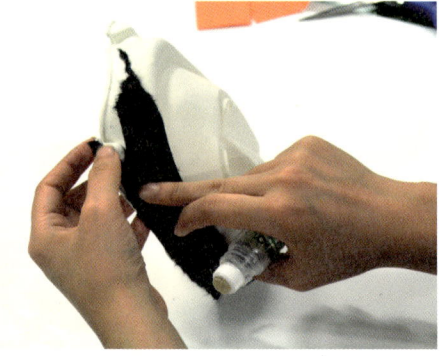

② 한지 또는 색종이를 다양한 모양으로 잘라 예쁜 장식을 만들어 보자. 색종이에 풀을 바르고 색볼을 붙여도 좋아. 색종이는 볼펜으로 감아 돌리면 둘둘 말렸다가 펴지면서 보다 입체감 있는 모양이 만들어 질 거야.

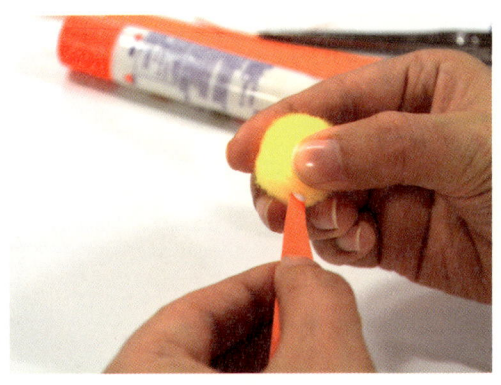 

③ 색종이와 색볼을 이용한 장식이 완성되면 이제 탈에 붙여 봐. 일반 풀보다 목공풀로 붙이면 더 단단하게 붙어. 매직으로 부네 얼굴에 칠해 볼까. 눈썹은 검은색, 연지·곤지는 빨간색. 이렇게 칠하니까 부네탈이 더 예쁘네!

④ 귀 부분의 뚫린 구멍으로 고무줄을 끼워야 해. 탈을 머리에 써 보고 고무줄 길이를 조정하면 완성된 거야.

물감, 색종이와 폼 클레이로 만든 다양한 부네탈들

한지를 이용한 각시탈 만들기

이번에는 한지를 사용해서 각시탈을 만들어 볼 거야. 한지를 찢어 보면 닥나무 섬유질을 볼 수 있어. 잘 보이지 않는다고? 자세히 들여다보면 거미줄처럼 가늘고 얇은 실오라기들이 비쭉 나와 있을 거야. 탈 만들기 체험을 통해 우리나라 전통 종이인 한지의 아름다움과 특성을 이해하면 좋겠어.

✂️ 준비물: 각시 종이탈, 한지, 가위, 풀, 고무줄

🎨 만들기 순서

① 먼저 탈을 보며 어떻게 꾸밀지 생각해 봐. 여러 가지 색깔의 한지를 찢거나 꼬고 말아 재미있는 장식을 미리 만들어 보는 거야. 예를 들어 한지로 꽃을 만들어 볼까. 한지로 꽃잎 모양을 오려. 여러 장의 한지를 겹쳐 오리면 한 번에 많은 꽃잎을 만들 수 있잖아. 이런 식으로 잎도 만들어 보는 거야. 그다음 줄기를 만드는 거지. 한지를 손바닥으로 돌돌 비비면 줄기가 되잖아. 꽃잎을 모아 꽃을 만들고 잎을 줄기에 하

나씩 붙이면 예쁜 꽃이 완성되는 거야.

② 종이탈 겉면에 풀을 바르고 한지를 붙여. 한지는 아주 얇아 찢어지기 쉬워. 찢어지지 않도록 주의하며 천천히 붙여야 해. 머리 한지가 말랐을 때 만들어 놓은 꽃 장식을 붙이면 돼. 풀에 젖은 한지는 완전히 말라야 그 위에 다른 장식이 붙거든.

③ 꽃 장식을 붙인 부분까지 완전히 마르면 각시탈 귀 부분 구멍에 고무줄을 끼워야 해. 탈을 머리에 써 보고 고무줄 길이를 조정하면 이제 완성된 거야. 어때? 아름다운 꽃 장식이 달린 각시탈이 참 예쁘지? 이 밖에도 작은 리본이나 실을 붙여서 꾸며 보아도 좋아.

다양한 재료로 만든 각시탈들

이매탈로 캐릭터 탈 만들기

준비물: 이매 종이탈, 점핑 클레이, 한지, 가위, 풀, 고무줄

다양한 하회탈 만들기

🎨 만들기 순서

① 먼저 탈을 보면서 어떤 캐릭터를 만들어 볼까 미리 생각해 놓아야 해. 점핑 클레이의 기본색(빨강·파랑·노랑·검정·흰색)을 섞어 원하는 색상을 만들어 봐. 점핑 클레이로 뿔과 송곳니 같은 재미있는 장식을 만들어도 좋아.

② 점핑 클레이로 만든 것을 탈에 붙여 입체감을 살려 보는 거야. 어때? 이매탈이 조금 달라졌지? 나중에 한지 바를 부분은 미리 남겨 놓고 점핑 클레이를 붙여야 해. 점핑 클레이 위에 한지를 붙이면 점핑 클레이 색이 비칠 수 있거든.

③ 점핑 클레이가 완전하게 굳으면 한지에 풀을 발라 탈에 붙이는 거야. 점핑 클레이는 바람이 잘 통하고 그늘진 곳에서 말려야 단단하게

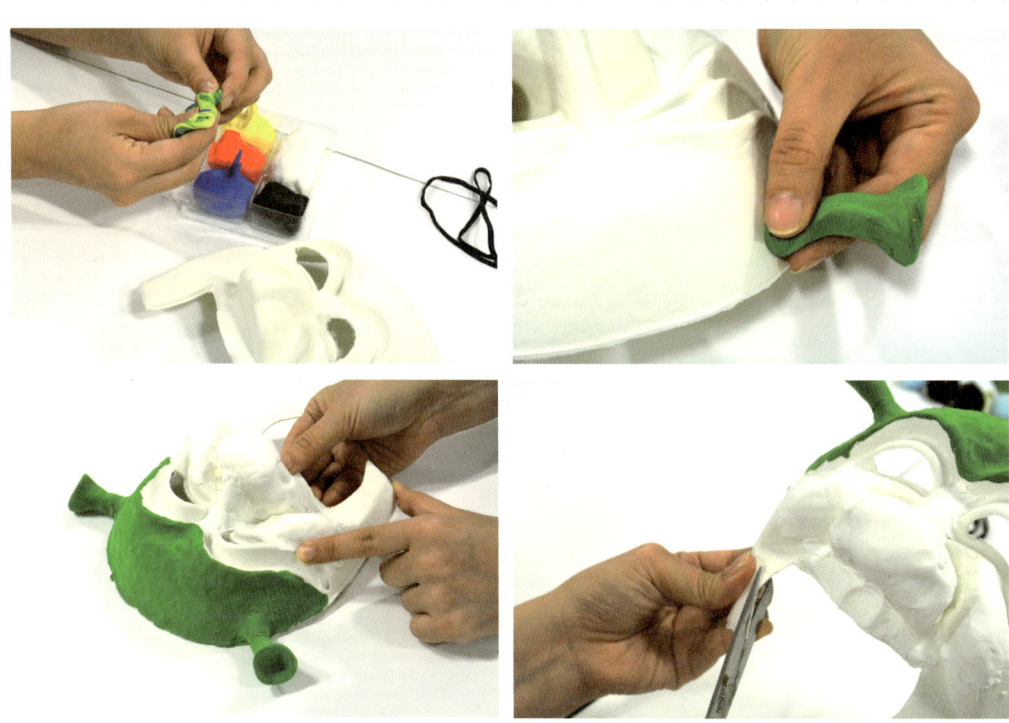

굳어. 마르기 전에 만지면 모양이 달라지니까 조심해. 점핑 클레이도 폼 클레이처럼 물에 닿으면 색이 변할 수 있어.

④ 한지가 완전히 마르면 이매탈 귀 부분 구멍에 고무줄을 끼워. 탈을 머리에 써 보고 고무줄 길이를 조정하면 이제 완성된 거야. 사용 후 남은 점핑 클레이는 공기가 통하지 않도록 잘 싸서 보관해.

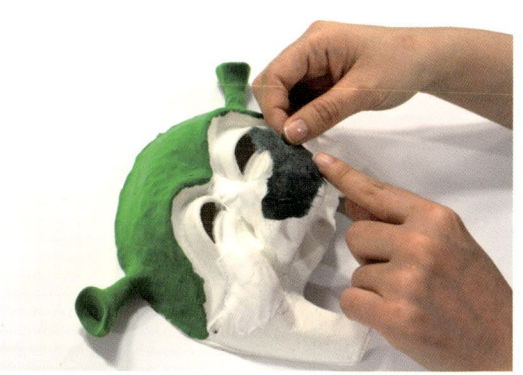

점핑 클레이와 종이탈로 만든 다양한 캐릭터 탈들

다양한 하회탈 만들기

신문지로 종이탈 만들기

이번에는 주변에서 쉽게 구할 수 있는 신문지를 사용해서 종이탈을 만들어 볼 거야.

준비물: 신문지, 종이테이프, 소포지, 도배용 풀, 연필, 아크릴 물감, 붓, 가위, 송곳, 고무줄

만들기 순서

① 먼저 만들 탈 모양을 생각해 봐. 그리고 신문지 여러 장을 뭉쳐 종이테이프로 감아야 해. 이때 신문지는 구기지 말고 동그랗게 말아 덩어리 형태로 탈 틀을 만드는 게 좋아.

② 또 다른 신문지를 적당한 크기로 찢어야 해. 생각보다 많이 필요하니까 충분히 찢어 놓는 게 좋아.

③ 찢어 놓은 신문지에 풀을 충분히 바르고 그 위에 신문지 한 장을 포개는 거야. 이렇게 하면 신문이 풀을 흡수해서 앞뒤 면에 골고루 발

리거든. 이렇게 풀을 발라 여러 번 포갠 신문지 조각을 탈 틀에 붙여 얼굴 모양을 만드는 거야.

④ 이제 깨끗한 소포지 앞뒤에 풀을 발라 여러 장 겹쳐 놓아. 그리고 소포지를 탈 전체에 골고루 붙여. 신문지와 소포지는 빈틈 없이 꼼꼼하게 붙여 줘야 해. 그렇게 하지 않으면 탈 틀을 떼어 낼 때 탈 얼굴이 제대로 살아나지 않아.

⑤ 바람이 잘 통하는 그늘에서 2~3일 말려. 그럼 탈을 예쁘게 만들 차례야. 먼저 탈 안쪽의 탈 틀을 조심스럽게 떼어 내. 그리고 가위로 탈 가장자리를 다듬어 준 후 아크릴 물감으로 색칠하는 거야. 아크릴 물감은 최대한 물을 적게 섞어야 색이 잘 나와.

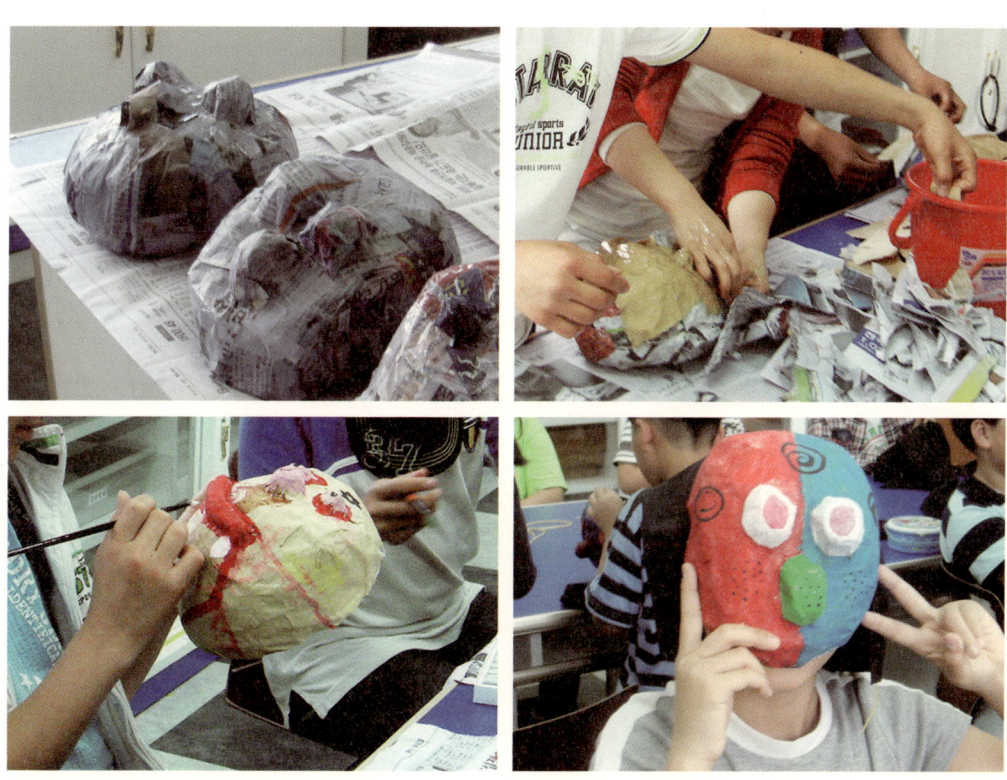

⑥ 물감이 마르면 탈을 얼굴에 갖다 대 봐. 눈 위치를 찾아야 하거든. 눈 위치를 표시하고 구멍을 뚫어. 입이 막혔다면 입도 뚫어야 해. 귀 부분에 구멍을 뚫고 고무줄을 끼운 뒤 탈을 머리에 써 보고 고무줄 길이를 조정하면 이제 완성된 거야.

종이 죽으로 탈 만들기

이번에는 부드러운 휴지를 이용해 종이 죽을 만들고 주물러서 종이 탈을 만들어 볼 거야.

준비물: 화장지(1롤), 도배용 풀, 아크릴 물감, 플라스틱 바가지, 그릇, 비닐 봉투, 물

만들기 순서

① 만들고 싶은 탈 모양을 미리 생각해 놓아. 그 다음 그릇에 물을 조금 붓고 도배용 풀을 푼 다음 화장지를 뜯어 넣어. 화장지와 풀이 잘 섞이도록 반죽해야 해. 물이 너무 많으면 종이 죽이 흐물흐물해지니까 적당해질 때까지 풀과 휴지를 더 넣어 반죽을 만들어.

② 플라스틱 바가지에 비닐 봉투를 씌우고 그 위에 종이 죽을 붙여. 생각해 놓은 탈을 떠올리며 종이 죽으로 모양을 만드는 거야.

③ 바람이 잘 통하는 그늘에서 3~4일 정도 말려야 해. 탈이 완전히

말랐을 때 바가지에서 탈을 떼어 내. 가위로 탈 가장자리를 다듬어 준 후 아크릴 물감으로 색칠하면 돼. 아크릴 물감은 물을 최대한 적게 사용해야 색깔이 잘 나와. 귀 부분에 구멍을 뚫고 고무줄을 끼운 다음 머리에 써 보고 고무줄 길이를 조정하면 완성된 거야.

4장 직접 보고 느끼는 하회 마을

당연한 말이지만, 책을 여러 번 읽는 것보다
하회 마을에 가서 직접 하회탈과 하회 별신굿 탈놀이를 보는 게
더 좋은 경험이라고 생각해. 하회 마을은 유네스코가 지정한
세계 문화유산인 만큼 볼거리가 꽤 많거든. 주변에는 탈 박물관,
하회탈을 만드는 공방, 하회 별신굿 탈놀이를 하는 공연장도 있어.
하회 마을을 거닐다 보면 어느새 하회 마을의 매력에 푹 빠져 있을 거야.

하회탈 공방 찾아가기

하회 마을 입구에는 하회탈을 만드는 공방이 두 군데 있어. 잠시 들러 하회탈이 어떻게 만들어지는지 살펴보면 좋을 것 같아.

우선 첫 번째 공방은 하회 세계탈 박물관 안에 있어. 구하 김동표 선생님은 이 공방에서 1981년부터 하회탈을 깎았어. 김동표 선생님이 깎은 탈은 하회 별신굿 탈놀이 보존회에서 탈놀이를 할 때 쓰고 있지. 김동표 선생님은 하회 별신굿 탈놀이에서 각시 역할을 맡기도 했어.

김동표 선생님은 탈을 만드는 데 엄청난 공을 들이지. 탈 재료인 오리나무를 말리는 데만도 몇 년이 걸릴 정도니까. 잘 말린 나무로 탈 하나를 깎으려면 일주일가량 걸린다고 해. 하회탈이 모두 열 종류니까 모두 깎으려면 서너 달도 더 걸리는 셈이지.

하회탈 제작자인 구하 김동표 선생님

또다른 공방은 대학에서 조각과 미술을 공부한 류호철 선생님이 운영하는 류 공방이야. 지금은 하회탈 깎는 것도 일종의 조형 예술로 분류돼. 류호철 선생님 역시 하회 별신굿 탈놀이를 배우고 익히면서 하회탈을 깎고 있어. 류 공방은 판매장과 공방이 붙어 있어서 하회탈도 사고 하회탈 깎는 모습도 직접 볼 수 있지.

우리나라 국보인 하회탈 제작의 전통을 이어 나가고 있는 공방을 둘러본다면 하회탈에 대한 이해는 물론 자랑스런 마음이 들 거야.

하회 세계탈 박물관

하회 마을 입구에는 하회 세계탈 박물관이 우뚝 서 있어. 탈 제작자이자 하회 별신굿 전수자인 구하 김동표 선생님이 직접 운영하는 우리나라에서 제일 큰 탈 박물관이야. 1층 전시실에는 한국의 탈과 아시아 탈, 2층에는 유럽, 남태평양, 아프리카 등 세계 곳곳의 탈들이 전시되어 있어. 박물관에서는 탈 만들기 체험도 해 볼 수 있단다.

박물관 바로 옆에는 인형 극장이 있지. 하회탈을 쓴 꼭두각시들이 펼치는 인형극이 꽤 볼만해. 인형극은 봄부터 가을까지 약 6개월 정도만 공연해. 자세한 공연 시간이나 일정은 하회 세계탈 박물관 홈페이지를 참조하면 돼.

하회 별신굿 인형극에 등장하는 꼭두각시

하회 세계탈 박물관에선 전 세계의 탈을 볼 수 있어. 독특하고 신기한 탈들이 정말 많지. 화려한 탈부터 투박하고 거친 탈, 나무로 만든 탈부터 천으로 만든 탈까지 다양하게 전시되어 있어.

각 지역의 문화와 정서가 담겨 있으며 다양한 재료로 만든 세계의 탈들

안동 국제 탈춤 페스티벌

1997년에 시작한 안동 국제 탈춤 페스티벌은 국제적 규모로 성장했지. 지금은 대표적인 한국의 축제로 손꼽힐 만큼 인기 있는 축제가 되었어. 매년 낙동강 둔치에 있는 공원과 하회 마을에서 탈춤 공연 및 각종 행사가 열리고 있어. 러시아, 중국, 싱가포르 등 세계 여러 나라에

선유 줄불놀이 ⓒ 안동시청

세계인들이 참여하여 다채로운 문화 행사가 열리는 안동 국제 탈춤 페스티벌

서 백여 개 이상의 공연단이 참가해서 신나는 탈춤 공연을 펼친단다.

이 축제는 매년 9월 마지막 주 금요일부터 10일간 열리는데 자세한 일정은 축제 홈페이지 또는 안동 시청 문화관광과에서 확인해 봐. 그리고 축제 기간에는 국내외 탈춤뿐 아니라 선유 줄불놀이, 전통 혼례 등 다채로운 문화 행사가 열리기도 해.

특히 선유 줄불놀이는 '축제 속의 작은 축제'라고 부를 만큼 화려하고 아름답지. 하회 마을의 옛 양반들이 강에 배를 띄우고 비처럼 쏟아지는 줄불을 감상했던 풍류놀이를 재연한 거라고 해.

안동 국제 탈춤 페스티벌 기간 동안 치러지는 선유 줄불놀이는 하회 별신굿 탈놀이와 더불어 특별한 경험이 될 거야.

강물 위로는 바가지에 기름 먹인 솜을 불붙여 넣은 달걀불이 둥실둥실 떠내려가고, 만송정 맞은편 강 건너 부용대까지 이어 놓은 긴 줄에서 떨어지는 불꽃가루는 하회의 밤하늘을 아름답게 장식하지.

하회 별신굿 탈놀이 공연 보기

하회 마을 입구에 있는 탈놀이 공연장

중요 무형 문화재 제69호인 하회 별신굿 탈놀이는 안동 하회 마을에서 볼 수 있어. 하회 별신굿 탈놀이 보존회에서 직접 공연하고 공연장은 하회 마을 입구에 있지.

공연이 연기 또는 취소될 수 있으니 미리 확인해 보는 것이 좋아. 관람은 무료야. 아쉽게도 상설 공연에서는 하회 별신굿 탈놀이 6개 마당밖에 볼 수 없어. 10개 마당 전부를 보려면 하회 별신굿 보존회 정기 발표회를 봐야 해. 정기 발표회는 1년에 단 한 번만 하기 때문에 일정을 미리 알아보는 것이 좋아.

문화재로 가득한 하회 마을

　경상북도 안동시 풍천면 하회리에 있는 하회 마을은 풍산 류 씨들이 모여 살고 있는 마을이지. 풍산 류 씨는 고려 말 하회 마을에 정착했어. 처음 마을로 들어온 사람은 류종혜라는 분이야. 풍산 류 씨와 하회 마을이 유명해진 데는 이유가 있어. 바로 입암 류중영(柳仲郢: 1515~1573)과 그의 두 아들 겸암 류운룡(柳雲龍: 1539~1601)과 서애 류성룡(柳成龍: 1542~1607)이 있었기 때문이지.

　아버지인 입암은 큰 벼슬을 지냈고 왕의 총애를 받았지. 두 아들인 겸암과 서애는 퇴계 이황의 제자였어. 특히 서애는 임진왜란 때 영의정으로서 나라를 구하는 데 큰 공을 세웠지. 입암, 겸암, 서애는 호를 말해. 호는 쉽게 부를 수 있도록 만든 또 다른 이름이야.

　안동 하회 마을은 전통적 유교 문화가 살아 숨 쉬는 곳이야. 가장 한국적이며 독창적인 문화를 간직한 씨족 마을이기도 하지. 하회 마을은 2010년 유네스코 세계 문화유산으로 지정되었어.

　낙동강 물줄기는 마을 산인 화산을 만나 크게 휘감아 돌며 유유히 흘러가지. 하회 마을은 우리말로 '물도리'라고도 해. 물이 마을 주변을 돌아간다는 뜻이야.

부용대 절벽에서 바라본 하회 마을

• 탕건바위

하회 마을 입구에 있는 조그만 바위야. 탕건은 옛날 사람들이 갓 아래 받쳐 쓰던 모자를 말해. 바위 모양이 탕건과 비슷하게 생겼다고 이런 이름이 붙게 되었어.

옛날 사람들이 쓰던 모자를 닮은 탕건바위

• 하동고택(중요 민속자료 제177호)

하회 마을 동쪽에 있는 하동고택

하회 마을은 아랫마을과 윗마을이 있어. 아랫마을은 남촌, 윗마을은 북촌으로 불러. 남촌과 북촌을 가르는 길을 따라 조금만 올라가면 하동고택이 나와. 이 집은 하회 마을 동쪽에 있다고 해서 '하동고택'이라 불러. 예천 지역 현감(고려·조선 시대 현의 우두머리 벼슬)을 지낸 눌헌 류교목이 1836년에 지은 집이야.

• 남촌댁(중요 민속자료 제90호)

하회 마을 남촌 중심에 있는 남촌댁

이 집은 아랫마을인 남촌 중심에 자리 잡은 집이야. 애운 류치목이 분가하면서 지은 집으로 류치목은 서애 선생의 장손자인 졸재 류원지의 6대손이야. 남촌댁은 원래 작은 집이었으나 류치목의 손자인 류기영에 의해 지금처럼 크게 지어졌대. 하회 마을은 원래 중간으로 난 길을 두고 윗마을, 아랫마을로 불렀어. 하지만 남촌댁과 북촌댁이 생기면서 남촌과 북촌으로 불리게 되었지.

• 주일재(중요 민속자료 제91호)

이 집은 충효당 동쪽 골목에 있어. 서애 류성룡 선생의 증손 류만하가 충효당에서 분가하며 지은 거야. 나중에 류만하의 아들 주일재 류후장이 더 크게 만들면서 집 이름에 자신의 호를 붙인 거야. 이 집에 딸린 사랑채 양오당(養吾堂)은 류후장이 학문을 가르쳤던 곳이야. '양오'란 이름은 〈맹자〉의 '공손추' 편에 나오는 말이야.

서애 류성룡의 증손자가 지은 주일재

我善養吾浩然之氣(아선양오호연지기:나는 내 호연지기를 잘 기른다)

'호연지기'란 흔들리지 않는 바르고 큰 마음을 말한단다.

• 북촌댁(중요 민속자료 제84호)

하회 마을에서 가장 큰 집인 북촌댁

양진당과 더불어 북촌을 대표하는 집이야. 이 집은 첨지중추부사라는 벼슬을 지낸 류사춘이 분가해 지은 집이야. 이 집은 원래 만수당(萬壽堂)이라고 불렀어. 어머니가 오래 살기를 바라는 마음에서 류사춘이 만수(萬壽)라는 이름을 붙였지.

이후 '화경당'으로 이름을 바꾸고 1862년 다시 지었어. 집칸 수로만 따진다면 하회 마을에서 가장 큰 집이야. 무려 72칸이거든. 큰 사랑채

인 북촌유거는 누마루를 다락처럼 높게 만들었는데 그 누마루에 앉으면 부용대 절벽과 낙동강이 한눈에 들어와 정말 멋지단다.

• 양진당(보물 제306호)

'양진당'이라는 이름은 류운룡의 6대손인 류영의 호에서 따온 거야. 고려 말 풍산 류씨의 시조가 하회 마을로 들어왔을 때 처음 자리를 잡아 지은 집이지. 집 뒤로 부용대 절벽이 보여. 양진당도 북촌을 대표하는 집 중 하나야.

이 집은 겸암 류운룡의 큰 종택이자 풍산 류씨 종가이기도 해. 종택은 종가가 대대로 사용하는 집을 말해. 이 집의 사랑채 대청에는 '입암고택(立巖古宅)'이라는 현판이 걸려 있어. 겸암, 서애 두 형제의 아버지인 입암 류중영의 오래된 집이라는 뜻이지.

고려 말 풍산 류씨가 하회 마을에 처음 들어와 지은 양진당

• 충효당(보물 제414호)

서애 류성룡의 자손들이 조상의 뜻을 기리기 위해 지은 충효당

양진당을 나오면 건너편에 하회 마을의 남촌을 대표하는 충효당이 있어. 서애 류성룡 선생의 종택이야. '충효당'이란 이름은 서애 류성룡 선생이 평소에 자손들에게 나라에 충성하고 부모에 효도하라는 말을 자주 했기 때문에 이를 기억하기 위해 지은 것이라고 해.

충효당 내부 깊숙한 곳에는 서애 류성룡 선생의 유품을 전시한 영모각이 있어. 이곳에는 국보 제132호 징비록(懲毖錄) 외에도 많은 유물을 볼 수 있지.

징비록은 조선 시대 왜구가 쳐들어와 일으킨 임진왜란이 끝난 뒤, 당시 영의정이었던 서애 류성룡 선생이 미래를 대비하고자 1592년(선조 25)에서 1598년까지의 전쟁 기록을 직접 적어 남긴 아주 유명한 책이야.

이 책에는 전쟁 전 일본과의 관계, 전쟁 발발과 진행 상황, 정유재란 등의 다양한 내용이 담겨 있어.

징비록 같은 귀한 유물이 전시된 영모각

• **빈연정사**(중요 민속자료 제86호)

대청에서 부용대가 한눈에 보이는 빈연정사

빈연정사는 겸암 류운룡이 서재로 사용하던 집이야.

대청에 문을 달지 않아 마루에 앉으면 아름다운 부용대와 만송정 솔밭이 한눈에 보이지. 자연을 바라보며 책을 읽은 옛 선조들의 풍류를 잘 느낄 수 있는 곳이라고 할 수 있지. 지붕의 곡선도 아름다우니 한번 살펴보면 좋아.

• **원지정사**(중요 민속자료 제85호)

서애 류성룡 선생이 제자를 가르치기 위해 지은 건물이야. 이곳에는 정사와 누각이 있지. 정사는 서재로 사용했고 누각은 자연을 벗 삼아 쉬기 위해 지었어.

'연좌루'라는 현판이 걸린 누각에 앉아 앞을 바라보면 강 너머 풍경이 한눈에 들어와. 부용대와 만송정 솔밭이 보이고 멀리 원지산이 보여. 그래서 정자 이름을 '원지정사'라고 한 거야. 원지(遠志)를 풀어 보

면 '원대한 뜻'이 담겨 있어. 성리학자의 기상과 곧은 의지를 잘 나타낸 말이기도 해. 참, 연좌(燕坐)는 '제비가 앉은 자리'라는 뜻이야.

연좌루(燕坐樓)는 아래층이 낮아. 키 큰 사람은 머리를 숙이고 다녀야 해. 위층으로 올라가면 탁 트인 풍경이 보이지. 여기서 보는 부용대 경치도 꽤 볼만해.

성리학자의 원대한 뜻을 담은 원지정사

• 만송정 솔숲(천연기념물 제 473호)

겸암 류운룡 선생이 지은 만송정은 소나무 만 그루가 있는 숲속 정

여름에는 홍수를, 겨울에는 세찬 바람을 막아 주는 만송정 솔숲

자라는 뜻이야. 안타깝게도 만송정은 1905년 대홍수로 유실되었어. 하지만 겸암 선생이 손수 심은 만 그루 소나무는 아직도 울창한 숲을 이루고 있지. 이 숲은 여름에는 홍수를, 겨울에는 세찬 북서풍을 막아 주고 있어. 자연을 거스르지 않고 자연을 이용해 재해를 막았던 조상들의 지혜가 놀라울 따름이야.

• **옥연정사**(중요 민속자료 제88호)

부용대 동쪽에 있는 서애 류성룡 선생이 지은 건물이며 당시 이름은 '옥연서당'이었어. 서애는 이곳에서 국보 제132호인 〈징비록〉을 지었다고 해. 옥연정사 앞으로 낙동강이 흐르고 마을 전체가 한눈에 들어와.

서애 류성룡 선생이 징비록을 집필했다는 옥연정사

• **화천서원**

부용대 동쪽에 있어. 화천은 마을 앞으로 흐르는 낙동강을 일컫는 말이야. 화천서원은 1868년 흥선대원군이 내린 서원 훼철령으로 건물 일부만 남고 모두 헐렸지.

'서원 훼철령'은 수많은 서원을 중심으로 문제가 생기자 흥선대원군이 전국에 47개 사원만 남기고 사원을 모두 없앤 사건을 말해. 이후 이

흥선대원군에 의해 훼손되었다가 최근에 복원된 화천서원

름도 '화천서당'으로 바뀌어 불리다가 최근에 다시 원래 이름인 '화천서원'으로 돌아왔어.

화천서원 담벼락을 따라가면 부용대 절벽으로 올라가는 길이 있어.

• 부용대(芙蓉臺)

하회 마을의 상징이야. 부용대의 '부용(芙蓉)'은 '연꽃'을 말해. 부용대에 올라 하회 마을을 보면 마을이 물 위에 떠 있는 한 송이 연꽃으로 보인다고 붙여진 이름이야.

안동 국제 탈춤 페스티벌 기간이 되면 선유(船游) 줄불놀이가 열려.

하회 마을이 물 위에 떠 있는 연꽃으로 보인다는 부용대

만송정 솔숲에서 강 건너편 부용대 꼭대기까지 밧줄을 매고 그 줄을 따라 불꽃이 화려하게 내려오지. 밧줄을 타고 떨어지는 참나무 숯의 불꽃이 하늘에서 터지고 다시 그 불꽃이 강물에 비쳐 깜깜한 밤은 낮보다 더 화려하게 변해. 물 위에서 펼쳐지는 아름다운 불꽃놀이라고.

- **겸암정사**(중요 민속자료 제89호)

겸암 류운룡이 학문 연구와 제자 양성에 힘쓰던 겸암정사

　겸암 류운룡의 호를 따서 지은 집이야. 겸암정사에 걸린 현판 '겸암정(謙菴亭)'은 스승인 퇴계 이황 선생이 직접 쓴 거야. 이곳에 가려면 만송정 솔밭 나루에서 배를 타고 부용대 쪽으로 건너가야 해. 하회 마을에서 겸암정사를 보면 수풀에 가려 항상 보일락 말락 반쯤 가려져 있어. 반대로 겸암정사 마루에 앉아 앞을 바라보면 강과 하회 마을이 한눈에 들어와.

• 병산서원(사적 제260호)

병산서원은 화산을 사이에 두고 하회 마을과 서로 반대편에 있어. 옛날 하회 마을 사람들은 화산 쪽으로 난 길을 따라 병산서원을 다녔대. 그곳이 옛날에는 서당, 지금의 학교였기 때문이야. 하지만 지금은 그 길로 잘 다니지 않아. 하회 마을 입구에서 병산서원으로 갈 수 있는 다른 길이 나 있거든.

자연과 하나 되어 한폭의 그림처럼 보이는 병산서원

병산서원은 고려 말에 세워졌어. 처음에는 '병산서원'이 아닌 '풍악서당'이었지. 공민왕 때 홍건적의 난이 일어나 공민왕이 안동으로 피난을 온 적이 있었는데 풍악서당 근처를 지나던 공민왕은 난리 중에도 열심히 공부하는 유생(학생)들을 보고 감동 받았어. 나중에 공민왕은 유생들에게 많은 책과 땅을 주면서 더 열심히 공부하라고 격려했지.

풍악서당에서 자연 경관 때문에 이름이 바뀐 병산서원

　200년이 흐르면서 풍악서당 근처에 집들이 많아졌어. 사람들이 많으면 주변이 소란스럽잖아. 그렇다고 사람들을 먼 곳으로 쫓아낼 수도 없고. 그래서 유생들은 조용한 곳으로 풍악서당을 옮기기로 결정했어. 마침 서애 류성룡 선생이 부친상을 당해 하회 마을에 와 있었지. 서애 선생은 화산을 추천했고 유생들은 서애 선생의 뜻을 따라 서당을 화산으로 옮겼어.

　그때 '풍악서당'이란 이름을 '병산서당'으로 바꿨지. 서당이 강을 병풍처럼 둘러싼 병산과 마주보고 있었거든. 하지만 안타깝게도 병산서당은 임진왜란 때 불타고 말았어. 한참 뒤인 1607년 병산서당을 다시 짓고 서원이란 이름도 쓰게 되었지.

　병산서원은 주변의 아름다운 경치와 건물이 빼어난 조화를 이루고 있어. 일곱 칸 규모의 만대루 누각에 서면 맞은편 병풍처럼 펼쳐진 병산과 유유히 흐르는 낙동강이 한눈에 들어와.

※참고 도서

하회 마을 / 이상해, 정승모 / 2007 / 솔

1등 축제 안동 국제 탈춤 페스티벌 / 안동 국제 탈춤 페스티벌 추진 위원회 / 2002

민속 마을 하회 여행 / 임재해 / 1994 / 밀알

하회탈, 그 한국인의 얼굴 / 임재해 외 / 2005 / 민속원

하회탈 하회탈춤 / 임재해 / 1999 / 지식산업사

세계유산 한국의 역사 마을 하회 / 안동시청 문화예술과 / 2014

※참고 사이트

하회 세계탈 박물관 http://www.mask.kr

하회 별신굿 탈놀이 보존회 http://hahoemask.co.kr

안동 하회 마을 보존회 http://www.hahoe.or.kr

안동 국제 탈춤 페스티벌 http://www.maskdance.com